Barbara Simonsohn

Reiki

Barbara Simonsohn

Reiki

Ansata **Basics**

Das vorliegende Buch ist sorgfältig erarbeitet worden.
Dennoch erfolgen alle Angaben ohne Gewähr.
Weder Autorin noch Verlag können für eventuelle Nachteile oder Schäden, die aus den im Buch gemachten praktischen Hinweisen resultieren, eine Haftung übernehmen.

Ansata Verlag
Ansata ist ein Verlag der Verlagsgruppe
Random House GmbH

ISBN: 978-3-7787-7324-6

Redaktion: Dr. Juliane Molitor
Illustrationen der Übungen:
Reinert und Partner Werbedesign, München
Fotos auf den Seiten 123, 128, 136, 223: Barbara Simonsohn
Illustrationen der Kapiteleingänge: Robert Wicki
Einbandgestaltung: Hauptmann und Kompanie
Werbeagentur, München – Zürich
unter Verwendung einer Abbildung von © image100/Corbis
Herstellung: Helga Schörnig
Satz: C. Schaber Datentechnik, Wels
Druck und Bindung: Westermann Druck Zwickau GmbH

Inhalt

Vorwort

»Der Hauptzweck von Reiki ist nicht nur das Heilen von Krankheiten, sondern die Verstärkung vorhandener Talente, das Gleichgewicht des Geistes, die Gesundheit des Körpers und damit das Erlangen von Glück.«

Dr. Mikao Usui

Im Jahr 1979 spielte meine Schwester »Schicksalsengel« für mich. Sie schenkte mir ein Buch mit dem Titel *Das Wunder von Findhorn.* Darin beschreibt der Autor Paul Hawken eine Gemeinschaft von Menschen aus der ganzen Welt, die sich um ein liebevolles Miteinander von Menschen, Tieren und Pflanzen bemühen. Erst dachte ich, es handle sich um einen Science Fiction-Roman, doch als ich auf der letzten Seite des Buches die Adresse dieser Gemeinschaft fand, beschloss ich, meinen gesamten Jahresurlaub in Findhorn, Schottland, zu verbringen. Ich wurde nicht enttäuscht. Und mehr noch: Es gefiel mir so gut, dass Findhorn bald zu meiner zweiten Heimat wurde. Zehn Jahre in Folge verbrachte ich jährlich mehrere Wochen in dieser spirituellen Gemeinschaft.

In Findhorn lernte ich auch Gary Samer kennen, den damaligen Leiter des Bereiches »Ganzheitliche Gesundheit«. Er erzählte mir von Reiki, der besten Heilmethode, die er je kennengelernt habe, und gab mir meine erste Reiki-Behandlung. Danach fühlte ich mich eine ganze Woche lang »wie auf Wolken« und war kreativ, produktiv und geerdet zugleich. Fasziniert von meinem neuen Lebensgefühl und meinem enormen Tatendrang – ich redigierte eine englischsprachige Zeitschrift, wuchs bei der Gartenarbeit über mich hinaus und steckte jeden mit meiner Lebensfreude an – meldete ich mich noch von Findhorn aus für ein Reiki-Seminar in Hamburg an. Diese Methode wollte ich unbedingt selbst erlernen.

Im Seminar nahm ich ein Kribbeln und Wärme in meinen Händen wahr, aber was mit der Zeit folgte, beeindruckte mich noch mehr: Meine Verstopfung löste sich in Wohlgefallen auf, kleine Warzen an den Händen verschwanden, mein Selbstbewusstsein wuchs, ich brauchte zwei Stunden Schlaf weniger und bekam kaum noch eine Erkältung. Wie selbstverständlich stellte ich meine Ernährung auf Gesundes um, was mir früher nie für längere Zeit gelungen war. Außerdem entdeckte ich zu meiner Überraschung, dass ich viel sportlicher war, als ich gedacht hatte. Plötzlich hatte ich Spaß am Joggen und Nordic Walking, am Skaten, Skilaufen und Windsurfen. Durch die sportliche Betätigung verschwanden sämtliche Beschwerden, die mit meinem niedrigen Blutdruck zusammenhingen. Ich war ein neuer Mensch mit viel mehr Lebensqualität! Stress konnte mir nichts mehr anhaben, und ich begann, Probleme nicht mehr als Schicksalsschläge zu werten, sondern als Herausforderungen. Meine alte Angewohnheit, Unangenehmes vor mir herzuschieben, bis es möglicherweise eskalierte, machte einer regelrechten Lust am Konfrontieren Platz. Meine Flugangst löste sich ebenso in Wohlgefallen auf wie meine Spinnenphobie. Auch das Frustessen gehörte bald der Vergangenheit an. Seit ich Reiki fast täglich praktiziere, halte ich mein Idealgewicht von 56 Kilo bei 1,72 Meter Körpergröße. Mit Reiki bin ich offenbar so mit der Fülle des süßen Lebens in Kontakt, dass ich auf Kuchenschlachten und Eisorgien verzichten kann. In dem Maße, in dem mein Selbstbewusstsein wuchs, erkannte ich immer klarer, welche Aufgaben ich mir für diese Inkarnation vorgenommen habe.

Bei Menschen, die ich mit Reiki behandle, stellen sich ähnliche Erfolge ein, manchmal schon nach ganz kurzer Zeit. Viele bekommen während der Behandlung die Energie und die Einsichten, die sie brauchen, um ihre Krankheiten aus eigener Kraft zu besiegen, und das dauerhaft. Auch auf der seelischen Ebene habe ich viele Erfolge: bei Depressionen, Süchten, Ängsten, Allergien, Migräne oder Schlafstörungen. Oft sagen meine Klienten, Reiki sei das Beste, was ihnen je passiert ist. Und, so merkwürdig es klingt, ich kenne zahlreiche Menschen, die ihren Krankheiten oder seelischen Problemen dankbar sind, weil sie dadurch zu Reiki geführt wurden.

Nachdem ich 1984 den ersten längeren Artikel über Reiki veröffentlicht hatte, kam ein richtiger Reiki-Boom in Gang. Ich organisierte und übersetzte viele Seminare mit Gary aus Findhorn, bis dieser mir irgendwann eröffnete: »Ich heirate eine Australierin und gehe mit ihr in ihre Heimat.« Ich konnte es nicht fassen. Gary würde uns »verlassen«! Aber er lachte nur und sagte: »Werde doch selbst Reiki-Lehrerin. Du bist doch schon Expertin, mit all deiner Erfahrung und den vielen Seminaren, die du betreut hast.«

Gary hatte sogar schon ein Empfehlungsschreiben für mich an Dr. Barbara Ray geschrieben, seine eigene Reiki-Lehrerin. Die Ausbildung war allerdings sehr teuer: 10 000 US-Dollar, was damals 36 400 DM entsprach. So viel hatte ich nicht gespart. Also schickte ich Energie auf dieses Thema, denn ich hatte inzwischen erkannt, dass der Beruf der Reiki-Lehrerin mein Traumberuf war. Und das Wunder geschah: Tausende von Mark trudelten als Kredit auf meinem Konto ein, weil es meiner Schwester gelungen war, gemeinsame Freunde und Bekannte von der Bedeutung meines Anliegens zu überzeugen. Ich kündigte meine Stelle als wissenschaftliche Assistentin an der Technischen Universität Hamburg-Harburg und begann meine Ausbildung zur Reiki-Lehrerin. Diesen Schritt habe ich nicht eine Sekunde lang bereut.

Als Mutter von zwei lebhaften Kindern, die einige Jahre alleinerziehend und gleichzeitig berufstätig war und außerdem noch zwei Bio-Gärten und diverse Haustiere zu versorgen hat, bin ich dankbar, mit dem authentischen Reiki eine einfache und sehr wirksame Methode gefunden zu haben, die innerhalb von Minuten meine inneren Kraftreserven erschließt und meinen Lebensenergie-Akku wieder auflädt. Reiki ist für mich eine Meditationstechnik, die ich mitten im

Alltag, im größten Stress und Trubel, einsetzen kann und die mich sofort in meine Mitte bringt. Nach all den Jahren, die ich das authentische Reiki nun schon praktiziere und unterrichte, erlebe ich immer wieder mit großer Begeisterung, wie Menschen sich durch die Aktivierung der universalen Lebenskraft positiv entwickeln – zu Wesen, die in ihrer Essenz Liebe sind und die ihre inneren Qualitäten, wie Harmonie, Frieden und Weisheit, auch auf andere ausstrahlen. Damit helfen sie, die Schwingung auf diesem Planeten zu erhöhen und tragen dazu bei, dass das Wassermannzeitalter der Schwesterlichkeit und Brüderlichkeit endlich Einzug auf dieser Erde halten kann.

Was ist authentisches Reiki?

»Wenn du nicht nach innen gehst,
gehst du leer aus.«

Neale Donald Walsch
in »Freundschaft mit Gott«

Reiki ist eine einfache und äußerst wirksame Technik zur harmonischen Entwicklung unserer Energiezentren, zur Stärkung unseres Immunsystems, zur Heilung negativer Gefühle und zur Entwicklung unserer Persönlichkeit. Schon Kinder können Reiki lernen. Kein Wunder also, dass es sich so schnell über den ganzen Globus verbreitet hat. Allein in Deutschland sollen zwischen 600 000 und einer Million Menschen Reiki praktizieren.

Wie bei allem, gibt es natürlich auch bei Reiki Qualitätsunterschiede. Worauf bei der Wahl eines kompetenten Reiki-Lehrers zu achten ist, wird in diesem Buch erklärt. Auch wie man ohne eingestimmt oder eingeweiht zu sein erste Reiki-Erfahrungen machen kann, steht in diesem Buch. Einiges von dem, was auf den folgenden Seiten zu lesen ist, klingt vielleicht »zu schön, um wahr zu sein«. Doch alles, worüber ich schreibe, ist eine Einladung, es auszuprobieren. Im Leben zählen nur eigene, authentische Erfahrungen. Buddha sagte: »Glaube nichts, nur weil die Weisen es behaupten. Glaube nichts, nur weil es immer schon so war. Glaube nichts, nur weil andere es glauben. Prüfe und erfahre alles selbst.« Reiki ist kein Glaubenssystem. Wer sich dafür interessiert, darf gern skeptisch sein. Das tut der Wirkung von Reiki keinen Abbruch.

Reiki ist vor allem eine Selbsthilfe-Technik, die wir aber auch für andere einsetzen können, sogar für Pflanzen und Tiere. Mit Reiki leisten wir einen wertvollen Beitrag zum Frieden auf dieser Welt, denn indem wir ständig intensiv an unserer Ausstrahlung arbeiten, erhöhen wir die Schwingung auf diesem Planeten und helfen, die dunkle »Wolke« der negativen Gefühle, Gedanken und Taten, die noch über der Erde liegt, zu lichten, damit unsere Erde wieder ein wunderschöner, strahlender blauer Planet wird.

Ich werde Sie in diesem Buch mit »du« ansprechen. Diese vertraute Form der Ansprache habe ich gewählt, damit du dich entspannen kannst. Wir sind alle Schwestern und Brüder im Licht.

Die Geschichte des Reiki

»Die Tür, wo sich die beiden Welten treffen, ist weit offen. Schlaf nicht wieder ein.«

DER SUFI-DICHTER RUMI IN »OPEN SECRET«

Die Spuren des Reiki reichen weit in die Geschichte der Menschheit zurück. In allen Kulturen der Welt gab es Menschen, die Zugang zu höheren Bewusstseinszuständen und damit auch zu einer zeitlosen Weisheit hatten, die sie der Menschheit vermittelten und die dann – in der Regel mündlich – von Priestern, Heiligen und Lehrern weitergegeben wurden. Es gibt zahlreiche Hinweise darauf, dass in allen Hochkulturen – bei den Mayas ebenso wie bei den Ägyptern und den alten Griechen – bekannt war, wie man Lichtenergie direkt anzapfen kann. Jedenfalls finden sich die kosmischen Symbole, auf denen das Reiki-System beruht, an den Maya-Pyramiden genauso wie im Tempel von Luxor.

Die Historikerin und Reiki-Lehrerin Dr. Barbara Ray hat die Wurzeln des Reiki bis etwa 6000 Jahre vor Christi Geburt zurückverfolgt und herausgefunden, dass sie in Nordindien und Tibet liegen. Die kosmischen Symbole, auf denen das Reiki-System basiert, sind den tibetischen Lamas ebenso bekannt wie die damit verbundenen Einstimmungsprozesse.

Dr. Mikao Usui (1865–1926) gilt zwar als Begründer des Reiki, aber er hat diese Methode nicht erfunden, sondern sie lediglich wiederentdeckt und ihr den Namen *Reiki* gegeben. Usui gehörte zu den Menschen, die sich – ähnlich wie viele Menschen heute – nach Wahrheit und Erleuchtung sehnten. Der Überlieferung nach lebte er als Leiter eines christlichen Seminars in Kioto, Japan, wo er von seinen Schülern immer wieder nach dem Phänomen der Heilungen befragt wurde, die Jesus Christus vollbracht hatte. Er wusste zwar, dass Jesus Menschen durch Handauflegen geheilt hatte – denn so steht es in der Bibel –, aber er fragte sich, wie das wohl funktionierte. Er reiste sogar in die USA und wurde an der Universität Chicago zum Doktor der Theologie promoviert, aber dem Geheimnis der urchristlichen Heilungen kam er dadurch keinen Schritt näher.

Enttäuscht kehrte Usui nach Japan zurück, lernte Sanskrit und begann, sich in einem Kloster mit alten buddhistischen Schriften zu beschäftigen. Schließlich fand er den Schlüssel zu sehr altem Wissen: eine Sanskrit-Formel, die auf einer Reihe von kosmischen oder universalen Symbolen beruht. Wann immer diese Symbole in Gang gesetzt werden, aktivieren sie die Verbindung zur universellen Lebenskraft. Der Psychologe Carl Gustav Jung, der sich intensiv mit kosmischen Symbolen beschäftigt hat, bezeichnet diese Symbole als »Grundlagen der Menschheit« und »tiefstes Wissen, das der Menschheit zur Verfügung steht«.

Auf diesen kosmischen Symbolen basiert das Einstimmungsritual der Reiki-Lehrer. Es geht auf Instruktionen zurück, die Usui der Legende nach auf folgende Weise erhielt:

Er fastete und meditierte 21 Tage lang auf einem heiligen Berg in der Nähe von Kioto. Am letzten Tag hatte er kurz vor Sonnenaufgang eine Lichterscheinung. Vor einer Wand aus Licht erschien in goldenen Buchstaben die Sanskrit-Formel, mit der er sich so intensiv beschäftigt hatte. Er nahm die kosmischen Symbole, auf denen das gesamte Reiki-System basiert, in einer bestimmten Reihenfolge wahr, und zwar zusammen mit den entsprechenden Einstimmungsprozessen. All dies brannte sich tief in sein Gedächtnis ein. Diese Erfahrung könnte man als Erleuchtungserlebnis oder kosmische Initiation bezeichnen.

Der Legende nach verletzte sich Usui auf dem Weg zurück ins Dorf an einem Stein. Sein Zeh blutete, aber als er die Hände darüberhielt, hörte die Blutung sofort auf. Im Tal angekommen, bestellte er in einem Gasthaus ein großes japanisches Frühstück. Es schmeckte großartig, und er vertrug es, obwohl er drei Wochen lang gefastet hatte. Der Tochter des Wirts, die seit Tagen unter Zahnschmerzen litt, legte er kurz die Hände auf – und schon war sie von ihren Beschwerden befreit. Diese ersten »Heilungswunder« zeigen beispielhaft, wie Reiki eingesetzt werden kann: als Soforthilfe am Unfallort, zur Harmonisierung der Körperfunktionen und bei akuten wie chronischen körperlichen und seelischen Beschwerden.

Dr. Usui nannte seine Methode *Reiki*. *Rei* bedeutet »universal« und *ki* heißt »Lebenskraft«. *Reiki* heißt also »Methode zur Aktivierung universaler Lebenskraft«. Anfangs behandelte Dr. Usui auch viele Bettler in den Slums von Kioto und stimmte sie in Reiki ein. Allerdings merkte er bald, dass sie es nicht praktizierten. Sie zogen das ärmliche, aber bequeme Leben eines Bettlers vor und wollten keine Verantwortung für ihr eigenes Leben übernehmen.

Man erzählt sich auch, dass Dr. Usui am helllichten Tag in Kioto eine Fackel angezündet haben und damit auf der Promenade auf und ab gegangen sein soll. Gefragt, was er bei hellem Sonnenschein mit der Fackel wolle, antwortete er, er suche nach Menschen, die das wahre Licht sehen wollten. Damit begann seine Vortrags- und Seminarzeit. Am Ende seines Lebens hatte er viele Menschen in Reiki unterrichtet und sein inneres Wissen mit mehreren fortgeschrittenen Schülern geteilt. Einer dieser Schüler war Dr. Chujiro Hayashi, der bis 1940 eine private Reiki-Klinik in Tokio leitete.

Die fünf Lebensregeln des Dr. Usui

Nur heute –
Sei nicht ärgerlich.
Sorge dich nicht.
Sei dankbar.
Tue deine Pflicht.
Sei freundlich zu deinen Mitmenschen.

Hawayo Takata, eine aus Japan stammende Amerikanerin, reiste 1933 nach Tokio, weil sie an einer schweren Krankheit litt und im Kreise ihrer Familie sterben wollte, doch es kam anders. Nachdem sie in Dr. Chujiro Hayashis Klinik mit Reiki behandelt worden war, galt sie fünf Monate später als geheilt und wollte nun selbst Reiki-Lehrerin werden. Dr. Hayashi war nicht nur einverstanden, sondern machte Hawayo Takata sogar zu seiner Nachfolgerin und übergab ihr das gesamte Reiki-Wissen, um es vor den Wirren des Zweiten Weltkrieges in Sicherheit zu bringen. So fand das Reiki-Wissen seinen Weg in den Westen, nach Hawaii, wohin Hawayo Takata 1937 zurückkehrte.

Das erste Reiki-Seminar auf dem amerikanischen Festland fand allerdings erst Ende der 1970er-Jahre statt. Daran nahm auch Dr. Barbara Ray teil. Die Wissenschaftlerin, die sich schwerpunktmäßig mit alten Kulturen beschäftigte, erkannte bei ihrer ersten Einstimmung intuitiv, dass sie etwas gefunden hatte, wonach sie die ganze Zeit vergeblich auf der Suche gewesen war: das Wissen darüber, wie universale Energie direkt angezapft und aktiviert werden kann.

Hawayo Takata bildete in den USA und Kanada 22 Reiki-Lehrer aus, bevor sie im Dezember 1980 im Alter von 80 Jahren starb. Ein Jahr vor ihrem Tod hatte sie zusammen mit Dr. Barbara Ray die *American Reiki Association* (AIRA) gegründet und Ray auf der Gründungsveranstaltung zu ihrer Nachfolgerin ernannt. Viele gehen davon aus, dass Frau Takata auch ihre Enkeltochter Phyllis Furomoto in Reiki einstimmte, allerdings nur in drei Grade, nicht in das siebenstufige System, das mit unseren Chakren oder Hauptenergiezentren korrespondiert. Phyllis Furomoto gründete 1982 auf Hawaii die *Reiki-Alliance*. Im persönlichen Gespräch mit mir gab Frau Furomoto zu, dass sie nur drei Grade kenne, aber nicht bestreiten wolle, dass es noch mehr gäbe.

Ich will an dieser Stelle gar nicht weiter auf diese Diskussion eingehen. Wichtig ist nämlich nur, dass Reiki »funktioniert« und dass es sich um das ursprüngliche System handelt, das ausschließlich universale Energie aktiviert.

Was ist Reiki und wie wirkt es?

»Führe mich vom Unwirklichen zum Wirklichen,
Vom Dunkel zum Licht,
Vom Tod zur Unsterblichkeit.«

UPANISHADEN

Das Wort *Reiki* besteht aus den Silben *Rei* für »universal« und *ki* für »Lebenskraft« und bezeichnet, wie bereits gesagt, ein System zur Aktivierung der universalen Lebenskraft. Das japanische Wort *ki* kennen Sie vielleicht, weil es auch ein Bestandteil von *Aikido* ist, dem Namen einer fernöstlichen Kampfsportart. Es entspricht dem chinesischen Wort *Chi* (neuerdings auch oft *Qi* geschrieben), das auch in Chi Gong oder Tai Chi vorkommt, den Namen von Techniken, die ebenfalls eine Steigerung der Lebenskraft zum Ziel haben.

Albert Einstein hat herausgefunden, dass Masse gleich Energie ist und dass selbst ein ruhender Körper – wie fest und solide er uns auch erscheinen mag – Energie enthalten muss, da er ja Masse besitzt. Wie groß diese Energie ist, kann man mithilfe seiner berühmten Formel $E = mc^2$ errechnen. Das *c* in dieser Formel steht übrigens für Lichtgeschwindigkeit, gemessen in Meter pro Sekunde. Bei der Umwandlung von Masse in Energie spielt also auch die Geschwindigkeit eine Rolle beziehungsweise die Frequenz, mit der die einzelnen Teilchen schwingen, aus der Masse oder Materie letztlich besteht.

Bezogen auf unseren Körper – oder, besser gesagt, unser Körpersystem – heißt das: Am langsamsten schwingen die Teilchen, aus denen unser physischer Körper besteht. Auf dieser Ebene können mit Reiki Energieblockaden beseitigt und Krankheiten geheilt werden.

Etwas schneller schwingen die Teilchen auf der nächsten Ebene, der Ebene unserer Gefühle. Hier kann Reiki bewirken, dass wir uns nicht mehr so leicht mit äußeren Ereignissen identifizieren und zu heiterer Gelassenheit und innerem Frieden finden. Dies geschieht vor allem dadurch, dass sich die Gedanken verlangsamen. Und das bringt uns in Kontakt mit höheren Bewusstseinsebenen, beispielsweise der Ebene unserer Intuition. Je besser unsere Verbindung zur intuitiven Ebene ist, desto mehr kommt unser Leben in Fluss. Und das hat zur Folge, dass wir automatisch das Richtige zur richtigen Zeit machen und das Falsche sein lassen.

Am Tempel des Orakels zu Delphi stand: »Mensch, erkenne dich selbst.« Wenn wir nur aus Körper, Gefühlen und Gedanken bestünden, wäre das vielleicht relativ einfach. Aber es gibt noch wesentlich mehr zu entdecken.

Auf die Ebene der Intuition folgen noch weitere, immer höhere Bewusstseinsebenen und schließlich die Ebene mit der höchsten Schwingungsfrequenz – die Ebene der höchsten Energie im Universum. Diese ganz hohe Schwingung, mit der wir alle auf die Welt gekommen sind, ist in den unterschiedlichen Kulturen unter verschiedenen Namen bekannt. Die Russen nennen sie »Bioplasma«, die Kahunas auf Hawaii sprechen von »Mana«, in Indien nennt man sie »Prana« und bei den Christen heißt diese Energie einfach »Licht«. »Ihr seid Licht«, sagt Christus zu seinen Jüngern, oder: »Ihr seid das Licht der Welt.«

»Licht« finde ich als Bezeichnung für die höchste Energie im Universum sehr passend, weil Licht die Eigenschaft hat, nach allen Seiten auszustrahlen. Diese ganz hohe Schwingung, diese Lichtenergie oder kosmische Energie macht nämlich unsere sogenannte »Ausstrahlung« aus. Dieses Licht strahlt vor allem durch unseren Augen, denn wie schon William Shakespeare sagte: »Die Augen sind die Fenster der Seele.«

Und hier kommt das authentische Reiki ins Spiel. Während der vier Einstimmungen in den Ersten Grad wird unsere Fähigkeit, Lichtenergie auszustrahlen, dauerhaft vergrößert – mindestens verdoppelt. Unsere Ausstrahlung wird also deutlich verbessert, und das hat Folgen: Menschen mit einer besseren Ausstrahlung ziehen positive Menschen und Ereignisse geradezu magisch an. Es ist ganz so, wie die Sprichwörter sagen: »Wie du in den Wald hineinrufst, so schallt es heraus.« Oder: »Gleich und gleich gesellt sich gern.« Dass sich unsere Ausstrahlung dauerhaft verbessert hat, können wir auch daran erkennen, wie Haustiere oder kleinere Kinder auf uns reagieren.

Eine weitere Folge der Einstimmungen ist, dass die Lichtenergie oder universale Energie konzentriert wird, und zwar vor allem in den Händen. Jedes Mal, wenn wir in Zukunft unsere Hände auflegen, sei es bei uns selbst, bei anderen Menschen, bei Tieren oder Pflanzen, wird ausschließlich universale Lichtenergie aktiviert. In Folge der vier Einstimmungen entwickeln sich unsere sieben Hauptenergiezentren (Chakren) auf harmonische Weise, und wir werden durchlässiger für die allerhöchste Schwingung im Universum. Wenn wir in Zukunft die Hände bei uns selbst oder anderen auflegen, fließt die Lichtenergie automatisch dorthin, wo sie am meisten gebraucht wird oder wo die Ursache einer Disharmonie liegt. Das führt dann jeweils dazu, dass wir erkennen, warum wir uns eine bestimmte Krankheit erschaffen haben. Damit hat sie ihren Zweck erfüllt, und wir brauchen sie nicht mehr. So gesehen ist Reiki vor allem eine Selbsthilfetechnik, die immer ganzheitlich und ursächlich wirkt. Die Energie fließt dahin, wo sie am meisten gebraucht wird, bringt uns über eine Erkenntnis in Kontakt mit ihren wirklichen Ursachen und schenkt neben dieser Klarheit auch die Kraft, die Ursachen abzustellen oder unsere Einstellung zu ändern – wenn wir das wollen.

Wer zum Beispiel Schnupfen hat und sich im Anfangsstadium selbst mit Reiki behandelt, erkennt mithilfe seines Höheren Selbstes, jener allwissenden Instanz in uns allen, warum er »verschnupft« ist oder wovon er »die Nase voll« hat. Hat er das erkannt, verschwindet die Erkältung meist ganz schnell wieder.

Das authentische Reiki bringt uns immer in Kontakt mit unseren wahren Bedürfnissen. Wenn wir erschöpft sind, schenkt es uns mehr Energie, wenn wir nervös sind, bringt es Ruhe und Gelassenheit. Wenn wir abends müde und gleichzeitig aufgekratzt sind, können wir mit Reiki leichter einschlafen. Das Gleiche geschieht, wenn wir einen anderen Menschen behandeln: Die universale Energie bringt auch ihn in Kontakt mit *seinen* wirklichen Bedürfnissen.

Wir können Reiki jederzeit und an jedem Ort anwenden: beim Fernsehen (die Nachrichten werden leichter verdaulich), beim Telefonieren, im Bus, im Supermarkt, als Einschlafhilfe und als Mittel gegen Prüfungsangst. Für jemanden, der einmal richtig eingestimmt ist, funktioniert Reiki so automatisch wie Atmen – also ohne Gedankenkraft, Glauben oder Konzentration.

Mit Reiki können wir auch Nahrungsmittel bekömmlicher machen und Wasser energetisieren. Wir arbeiten beim authentischen Reiki ausschließlich mit universaler

Energie, der stärksten Schwingung im Universum. Diese Energie wirkt immer unterstützend, hat keine Nebenwirkungen und kann nicht überdosiert werden. Je mehr davon wir aktivieren, desto mehr fließt nach, weil wir an eine unerschöpfliche Quelle universaler Energie angeschlossen sind.

Vor einigen Jahren kam eine magersüchtige junge Frau zu mir in Behandlung. Bei ihrem Anblick erschrak ich: Bei einer Größe von 1,73 m wog sie nur 37 Kilo. Zehn Jahre lang war sie nicht in der Lage gewesen, eine Ausbildung zu machen oder zu arbeiten, denn dafür war sie viel zu schwach. Außerdem war sie oft im Krankenhaus, wo sie künstlich ernährt werden musste. Sie machte den ersten Reiki-Grad, und bald darauf auch den zweiten, der besonders intensiv auf der seelischen Ebene wirkt. Schließlich wurde ihr die Ursache ihrer Magersucht klar – sexueller Missbrauch –, und sie konnte das Thema verarbeiten. Heute ist sie nicht mehr magersüchtig und steht wieder mit beiden Beinen auf der Erde. Sie hat eine Ausbildung als Altenpflegerin abgeschlossen, arbeitet halbtags im Altenheim, geht jeden Tag ins Fitnessstudio, joggt im Wald, arbeitet einmal die Woche meine Papierberge ab und hütet meine Katzen, wenn wir verreist sind. Nebenbei betreut sie freiberuflich eine Seniorin. Sie hat also nicht nur ihre Krankheit überlebt, sondern steht wieder mitten im Leben.

Das Erstaunliche an Reiki ist für mich der Bewusstseinsschub, den die meisten Menschen fast sofort erleben. Ich betrachte Reiki als Weg zur Erleuchtung mit Heilung als willkommene Begleiterscheinung. Strahlende Gesundheit ist unser natürliches Geburtsrecht. Oder, wie der berühmte Philosoph Arthur Schopenhauer es ausdrückt: »Gesundheit ist nicht alles. Aber ohne Gesundheit ist alles nichts.« Wir können nichts vermissen, was wir nicht kennen. Strahlende Gesundheit ist nicht die Abwesenheit von Krankheit, sondern ein Zustand, morgens – jeden Morgen! – die Welt umarmen zu wollen, voller Lebensfreude und Enthusiasmus.

Reiki unterstützt uns in unserem ganzheitlichen Wachstumsprozess und hilft uns, unsere menschlichen Schwächen zu erkennen, sie anzunehmen und sie loszulassen, um vollkommener zu werden. Vielleicht ist Reiki »nur« ein Weg zur Vollkommenheit?

Was an Reiki so gut ist

Reiki ist die Kunst und Methode, natürliche, universelle Lebensenergie zu aktivieren und anzuwenden – für Harmonie, Heilung und ganzheitliche Entwicklung.

Reiki wirkt immer ganzheitlich und ursächlich.

Reiki ist von jedem, auch von Kindern, leicht zu erlernen.

Reiki fördert Heilung und Ganzheit, beugt Störungen vor und erhält echtes Wohlbefinden in jedem Alter.

Reiki ist eine Selbsthilfetechnik, die du auch für andere einsetzen kannst, um Stress abzubauen und Tiefenentspannung zu erfahren.

Reiki schafft ein Gleichgewicht von Lebensenergie in einer Menge, die deine Gesundheit und dein Wohlbefinden auf allen Ebenen fördert.

Reiki vitalisiert deinen gesamten Organismus.

Reiki bringt dich auf allen Ebenen ins Gleichgewicht: auf der physischen, der emotionalen, der mentalen und der geistigen.

Reiki ist eine natürliche Heilmethode, die sich mit allen anderen Heilmethoden kombinieren lässt, ob alternativ ganzheitlich oder schulmedizinisch.

Reiki ist kein Glaubenssystem und keine Weltanschauung. Du brauchst nicht daran zu glauben, damit es wirkt.

Reiki kann auch bei Tieren und Pflanzen erfolgreich eingesetzt werden.

Reiki ist vollkommen sicher in der Anwendung.

Reiki bringt dich in Kontakt mit deinen inneren Qualitäten: Freude am Sein, Mitgefühl, bedingungslose Liebe, göttlicher Friede sowie heitere Gelassenheit, und fördert harmonisches Wachstum.

Reiki hilft dir, dich zu verwandeln und Erleuchtung zu erlangen.

Reiki, so könnte man sagen, ist ein Weg zur Erleuchtung, und Heilung auf allen Ebenen ist eine willkommene Begleiterscheinung.

Merkmale universaler Energie

»Je feiner (= subtiler) etwas ist, desto kräftiger ist es. Deshalb vermag es in die Dinge hineinzuwirken, die gröber und (damit) unter ihm sind.«

MEISTER ECKHART, »STILLE UND EWIGKEIT«

Wenn man versteht, welche Eigenschaften universale Energie hat, versteht man, wie Reiki funktioniert und was es uns bringt. Ich habe einige Merkmale zusammengestellt, die erfüllt sein müssen, damit du sicher sein kannst, dass es sich um das ursprüngliche, authentische Reiki handelt. Ist nur eins der Merkmale nicht erfüllt, handelt es sich nicht um das ursprüngliche Energie-System. Es reicht also nicht aus, dass ein Reiki-Lehrer sympathisch ist. In Abwandlung eines früher recht bekannten Werbespruchs könnte man sagen: »An meine Chakren lasse ich nur universale Energie!« Das heißt: Ich möchte nicht, dass mein Behandler mit persönlicher Energie arbeitet, weil ich keinerlei negative Schwingungen aufnehmen möchte. Nur das Beste sollte gut genug für uns sein. Schließlich sind wir Kinder Gottes!

1. Universale Energie und das authentische Reiki zur Aktivierung dieser Energie wirken immer zum Wohle des Empfängers, nie negativ. Universale Energie bringt den Empfänger immer in Kontakt mit seinen wirklichen Bedürfnissen.

Selbst wenn Heilungskrisen auftauchen, gilt: Beim authentischen Reiki arbeiten wir direkt mit unserem »Höheren Selbst« oder der Instanz von Weisheit in uns zusammen, die genau weiß, was und wie viel sie uns »zumuten« kann, und was und wie viel wir »verdauen« können – auf der körperlichen, der seelischen oder der spirituellen Ebene. Heilungskrisen sind selten, aber wenn eine solche Krise auftaucht, heißt es: nicht weniger, sondern mehr Reiki geben! Das authentische Reiki »erfindet« nichts, sondern bringt nur an die Oberfläche, was da ist, damit es möglichst bald bearbeitet wird. Wenn wir die Lektion, die mit einer bestimmten Krankheit verbunden ist, gelernt haben, brauchen wir sie nicht mehr!

2. Wenn wir – wie beim authentischen Reiki – ausschließlich mit universaler Energie arbeiten, gibt es keinerlei Einschränkungen in der Anwendung. Universale Energie ist immer harmlos in der Anwendung, es gibt kein »Zuviel« und keine negativen Begleiterscheinungen. Wenn du in Reiki-Büchern liest oder von Reiki-Lehrern hörst, dass Alte, Kranke oder Kinder nur für kurze Zeit behandelt werden dürfen, sei skeptisch. Universale Energie ist immer harmlos, deshalb: Je länger, je lieber!

3. Wenn wir ausschließlich mit universaler Energie arbeiten, kann der Behandelnde sich durch die Anwendung nicht erschöpft oder ausgelaugt fühlen. Universale Energie ist überpersönlich. Wir schließen uns durch die Einstimmungen und Behandlungen an eine unerschöpfliche Quelle dieser Energie an. Je mehr Behandlungen wir geben, desto besser fühlen auch wir uns: entspannter, aktiviert, klarer, je nachdem, was wir im Moment gerade brauchen. Das Beste, was wir uns als Reiki-Behandler antun können, sind mehrere Behandlungen hintereinander. Mein Rekord sind sieben Behandlungen an einem Tag und 27 in einer Woche. Ich fühlte mich danach wie nach einer tiefen Meditation – was Reiki ja auch ist.

4. Wenn wir ausschließlich mit universaler Energie arbeiten, können wir bei der Anwendung keinerlei negative Schwingungen aufnehmen. Universale Energie ist die subtilste und gleichzeitig stärkste Energie im ganzen Universum. Wie du vielleicht aus der Physik weißt: subtilere Energien sind stärker als gröbere, höhere Schwingungen überlagern niedrige. Damit sind wir beim Behandeln vor der Aufnahme von negativen Schwingungen geschützt. Wenn wir, nachdem wir einmal richtig von einem kompetenten Lehrer eingestimmt wurden, unsere Hände in die Nähe eines Lebewesens bringen, wandeln wir alles Negative um und neutralisieren es.

5. Wenn wir ausschließlich mit universaler Energie arbeiten, wirkt diese Energie, unabhängig davon, wie sich der Behandelte gerade fühlt, ob er wach ist oder schläft, ob er an

Reiki glaubt oder nicht. Universale Energie ist die kraftvollste im gesamten Universum und daher in der Lage, die Energie aller äußeren Ebenen zu durchdringen und zu verwandeln. Auch wie wir gerade auf den äußeren Ebenen »drauf« sind, spielt für den Erfolg der Behandlung keine Rolle. Während der Behandlung harmonisieren sich Behandler und Behandelter gleichermaßen. Wenn wir atmen, brauchen wir nicht daran zu denken, wie gut der Sauerstoff uns tut. Dadurch wird Atmen nicht effektiver. Das Gleiche gilt für eine Reiki-Behandlung.

6. Universale Energie wirkt immer ganzheitlich und ursächlich. Beim authentischen Reiki handelt es sich um eine ganzheitlich wirkende Ursachentherapie oder um eine ursächlich wirkende Ganzheitstherapie. Universale Energie fließt von ganz allein dorthin, wo sie am meisten gebraucht wird, also dorthin, wo die Ursachen von Disharmonien liegen – egal, auf welcher Ebene. Es handelt sich also nicht um Symptombehandlung, auch wenn Symptome verschwinden können. Die Dauer des Heilungsprozesses ist unterschiedlich und hängt nicht so sehr von der Art oder Dauer der Krankheit ab, sondern von der Bereitschaft des Einzelnen, aus seiner Krankheit zu lernen oder nicht.

7. Vor oder nach einer authentischen Reiki-Behandlung sind weder Reinigungs- noch Harmonisierungsübungen nötig. Einmal richtig eingestimmt, können wir gar nichts anderes als universale Energie zu aktivieren. Daher brauchen wir vor der Behandlung nicht um Reiki-Kraft zu bitten und auch nicht um den Beistand von Engeln. Universale Energie löst Blockaden auf allen Ebenen und harmonisiert die Aura, unser feinstoffliches Energiefeld. Da wir beim Behandeln keinerlei negative Schwingungen aufnehmen können, brauchen wir die Hände danach nicht unter kaltes Wasser zu halten.

8. Mit universaler Energie können wir nicht manipulieren oder eigennützige Zwecke verfolgen. Wir bringen denjenigen, dem wir diese Energie schicken, ausschließlich in Kontakt mit *seinen* wirklichen Bedürfnissen. Universale Energie ist immer harmlos und unterstützend. Insofern brauchen wir niemanden zu fragen, ob wir ihn aus der Ferne behandeln dürfen. Wenn wir nett an jemanden denken oder für jemanden beten, fragen wir ja auch vorher nicht um Erlaubnis. Kleine Kinder, Babys, Tiere und Pflanzen können wir zwar fragen, aber eine eindeutige Antwort werden wir von ihnen nicht bekommen. Sollen die also alle leer ausgehen? Das wäre schade.

9. Wenn wir ausschließlich mit universaler Energie arbeiten, wirkt diese Energie immer und auf allen Ebenen im Einklang mit dem Höheren Selbst. Universale Energie »weiß«, wo die Ursachen eines Problems liegen, und fließt automatisch dorthin, um sie bewusst zu machen und aufzulösen.

Wir haben es hier mit dem besten Therapeuten der Welt zu tun, nämlich unserem Höheren Selbst. Es hilft uns 24 Stunden am Tag beim Lernen und Wachsen. Wenn wir während der Reiki-Behandlung nach innen lauschen, bekommen wir eine Antwort auf unsere Frage nach der Ursache des Geschehens – in Form eines Satzes, eines Gefühls, eines Traums oder eines Bildes.

10. Das authentische Reiki, bei dem wir ausschließlich mit universaler Energie arbeiten, harmoniert mit allen Therapieformen, mit allen Methoden für persönliches Wachstum, mit allen Weltanschauungen, Religionen und Meditationstechniken. Mit Reiki aktivieren wir die natürlichste Energie der Welt, mit der wir schon auf die Welt gekommen sind. Das authentische Reiki steht auch nicht im Widerspruch zu irgendwelchen Behandlungsweisen, seien es homöopathische oder schulmedizinische Behandlungsmethoden. Reiki fördert und beschleunigt den Heilungsprozess. Es mildert die negativen Begleiterscheinungen von Medikamenten oder Bestrahlungen und verstärkt die positiven. Wer Tabletten nimmt, sollte sie vor dem Runterschlucken eine Weile in den Händen halten, um ihre Schwingung zu erhöhen.

Das authentische Reiki bringt uns in Kontakt mit unserer göttlichen Essenz, von der die Mystiker aller Jahrtausende sprechen. Wenn wir an Gott glauben, vertieft es diesen Glauben. Aber auch Atheisten profitieren davon. Alles, wovon wir vorher bereits profitiert haben, wie Yoga, Tai Chi oder Meditation, sollten wir beibehalten, wenn Reiki dazukommt, denn Reiki verstärkt die positiven Effekte aller anderen bewusstseinserweiternden Methoden.

Wenn auch nur eines dieser zehn Merkmale nicht zutrifft, kann es sich nicht um die ursprüngliche Reiki-Methode handeln, denn dabei wird ausschließlich universale Energie aktiviert.

Reiki und die Chakren

»Deine letztendliche Heilung und Ganzwerdung ist deine eigene Erleuchtung.«

GARY SAMER

Reiki ist Chakrenarbeit. Das heißt, wir arbeiten an den sieben Hauptenergiezentren, die entlang der Wirbelsäule im feinstofflichen Körper liegen. Über das Scheitel- oder Kronenchakra nehmen wir Lichtenergie auf. Diese Energie fließt dann von oben nach unten durch ein Zentrum nach dem anderen und wird in jedem Chakra so transformiert, dass sie für unsere physische Ebene – Organe, Drüsen – verwendbar ist. Im Wurzelzentrum vereinigt sie sich schließlich mit der Erdenergie, die wir ständig durch die Fußsohlen aufnehmen.

Chakren sind keine statischen Punkte, sondern sich bewegende Licht-Räder – wie ihr Namen schon sagt (das Sanskrit-Wort *Chakra* bedeutet »Rad«). Es sind dynamische oder rotierende Zentren, die Lichtenergie nach allen Seiten verteilen, wie kleine Sonnen. Die Bewegung entsteht durch die Lebensenergie, die in das jeweilige Chakra fließt und es lebendig macht. Ist die Lebenskraft im Fluss, beginnen die Chakren zu vibrieren und aufzublühen. Je mehr Lebenskraft durch sie hindurchfließt, desto prächtiger blühen sie auf, und das wird an unserer Ausstrahlung sichtbar.

»Du sollst dir Reichtümer in den Himmeln erwerben, nicht auf Erden«, heißt es in der Bibel. Dies tun wir, indem wir mit Reiki und anderen Arten der Meditation an unserer Ausstrahlung arbeiten. Was wir auf diesem Wege erreichen, bleibt uns. Wäre es ein Teil des physischen Körpers, würde es mit dem Tod verloren gehen und wir müssten immer wieder von vorn anfangen. Aber dieser Fortschritt ist kein Teil des physischen Körpers, sondern wird im ätherischen Körper gespeichert.

Mit dem authentischen Reiki bewirken wir eine harmonische Entwicklung unserer Energiezentren. Die Chakren, die noch nicht so weit entwickelt sind wie andere, entwickeln sich mit der Zeit und blühen ebenfalls auf. Man kann sich dies wirklich wie das Aufblühen einer Blütenknospe im Sonnenlicht vorstellen: Wir werden immer durchlässiger für die Lichtenergie und der Strom der Lebenskraft in unserem

Innern wird immer stärker. Das alles geschieht auf sanfte Weise. Die universale Energie, die bei den Einstimmungen aktiviert wird, ist immer harmlos und unterstützend und richtet sich stets nach den wirklichen Bedürfnissen des Empfängers. Eine Überforderung oder ein »Zuviel« ist damit ausgeschlossen.

Alle Grade des authentischen Reiki entwickeln alle sieben Chakren, aber die Betonung liegt jeweils auf dem Energiezentrum, das dem entsprechenden Grad zugeordnet ist. Im ersten Grad wird vor allem das Wurzel- oder Basiszentrum aktiviert. Wir verlieren unsere Existenzängste und bekommen ein positives Verhältnis zu Verantwortung und Materie. Der zweite Grad betont besonders das Sakralchakra, Sitz von Sinnlichkeit, Sexualität, Kreativität und Fortpflanzung. Nach und nach erkennen wir unser göttliches Potenzial und leben es. Im dritten Grad wird vor allem das Sonnengeflecht aktiviert, Sitz unseres Selbstbewusstseins und unseres Selbstwertgefühls. Der vierte Grad hat einen besonderen Bezug zum Herzchakra, dem Chakra der Liebe. Indem wir dieses Zentrum entwickeln, entwickeln wir unsere Menschlichkeit und können fühlen, lieben, weinen, lachen, teilen, mitfühlen und beten. Wir werden zur Liebe. Zweifel und Misstrauen verschwinden ebenso wie Haarspalterei und zu viel Diskutierfreude. Stattdessen flutet Vertrauen das Herz. In tiefer Meditation oder beim Reiki bist du mit der ganzen Schöpfung verbunden, von Herz zu Herz, jenseits von Kopf und Sprache.

Im fünften Grad wird vor allem die Verbindung zwischen Herz und Hals verstärkt. Unsere Liebe wird meditativer. Wir spüren den Wunsch, Liebe miteinander zu teilen. Mit dem sechsten Grad, der besonders das Dritte Auge aktiviert, entwickelt sich unser Bewusstsein immer mehr in Richtung: »Ich bin Liebe.« Wird die Energie im sechsten Chakra geweckt, erlebt man dies als ungeheuer weite Ausdehnung, sozusagen als Möglichkeit, einen Blick aufs Kosmische oder Unendliche zu werfen.

Wenn die Energie im siebten oder Kronenchakra frei fließt, sind wir endlich zu Hause angekommen. Ein waches Kronenchakra entspricht dem siebten Schöpfungstag, an dem sich der Schöpfer ausruht. Es ist nichts mehr zu tun. Erst jetzt, wo wir ein Meister unserer selbst geworden sind, können wir anderen wirklich hilfreich sein. Man spricht auch von »Unio Mystica«, der mystischen Vereinigung von Yin und Yang. Erst auf diesem höchsten Gipfel der Synthese ist wahre, dauernde Erfüllung möglich.

Es geht jedoch weniger darum, über die Chakren Bescheid zu wissen, als darum, sie authentisch zu fühlen. Arbeit an den Chakren – und das ist Reiki – dient dazu, Energieblockaden aufzulösen. Wenn am Ende alle sieben Chakren so aktiv geworden sind, dass sie zu einer einzigen Lichtsäule verschmelzen, spricht man von Erleuchtung.

Mit Reiki sich selbst und andere behandeln

»Es gibt für uns nichts Unmögliches mehr,
weil es für Gott nichts Unmögliches gibt.«

Dietrich Bonhoeffer

Ich erinnere mich gut an mein erstes Reiki-Seminar mit Gary Samer. »Reiki eignet sich zur Selbst- und Fremdbehandlung«, lernten wir; aber wir erfuhren auch, und zwar am eigenen Leib, dass sich »Patient« und Behandler spätestens nach der einstündigen Reiki-Sitzung nicht mehr »fremd« vorkommen, weil so viel Liebe zwischen ihnen fließt. Beim Handauflegen – jede der zwölf Positionen für Kopf, Vorderseite und Rücken wird etwa fünf Minuten gehalten – fühlte ich jenes Kribbeln in den Handflächen, das ich auch schon bei der Einstimmung gespürt hatte. Meine Hände wurden in einigen Positionen warm, fast heiß. »Diese Wärme ist physikalisch nicht messbar«, sagte Gary, und ich konnte das kaum glauben. Beim Erfahrungsaustausch stellten wir fest, dass mein Partner an den gleichen Stellen Wärme gespürt hatte wie ich. Noch wichtiger aber waren die Ergebnisse: Wir fühlten uns beide von Grund auf erfrischt, entspannt und kraftvoll.

Der erste Grad ist der wichtigste im siebenstufigen System des authentischen Reiki, denn hier kommen die Teilnehmer ein für alle Mal in Kontakt mit der universalen Energie, der sanftesten, subtilsten und gleichzeitig kraftvollsten Energie im Universum. Selbst wenn jemand 20 Jahre lang kein Reiki gemacht hätte, wäre der Kontakt zu dieser allerhöchsten Schwingung immer noch da. Die Wirkung hält ein Leben lang an und sogar darüber hinaus. Wann immer wir nach Erlangen des ersten Grades unsere Hände in die Nähe eines Lebewesens bringen – in die Nähe von uns selbst, anderen Menschen, Tieren oder Pflanzen –, wird universale Energie aktiviert. Universale Energie wirkt immer harmlos und unterstützend. Mit dieser Energie können wir nicht manipulieren. Es gibt auch kein »Zuviel« davon, also keine Überdosis und auch keine Nebenwirkungen. Manchmal kommt es allerdings vor, dass während des ursächlichen und ganzheitlichen Heilungsprozesses alte Symptome noch einmal aufflackern. Dann spricht man von einer »Erstverschlimmerung« oder »Reaktion«, wie wir sie auch bei anderen ganzheitlichen Therapien wie Bachblüten oder klassischer Homöopathie beobachten können. Um den Heilungsprozess zu verkürzen, heißt es dann: Mehr Reiki geben, nicht weniger.

Reiki ermöglicht aber noch viel mehr als die Heilung von Krankheiten. Auf dem Weg zu unserer wahren Natur harmonisieren sich auch die körperliche, die mentale und die emotionale Ebene. Mit dem ersten Grad erleben wir vielleicht, dass wir gar nicht mehr oder nur noch ganz selten krank werden. Wenn die Energie in unserem System frei fließt, und das tut sie durch regelmäßige Reiki-Behandlungen, sind irgendwann alle Blockaden aufgelöst und es entstehen keine neuen. Doch erst durch Energieblockaden kann es zu körperlichen und seelischen Problemen kommen. Mit dem ersten Grad haben wir demnach ein ganzheitliches und ursächliches Gesundheitssystem in Händen. Wir praktizieren Salutogenese, indem wir dafür sorgen, dass wir gar nicht erst krank werden. Eine bessere Gesundheitsreform, die diesen Namen auch wirklich verdient, kann es in meinen Augen gar nicht geben.

Seit ich Reiki-Lehrerin bin, also seit 1984 habe ich nicht eins meiner mindestens 25 Reiki-Seminare pro Jahr wegen Krankheit ausfallen lassen müssen. Während ich früher zwei bis drei Erkältungen pro Jahr hatte, habe ich jetzt nur alle paar Jahre eine. Dafür gibt es eine einfache Erklärung: Mit Reiki halten wir unsere Energien auf allen Ebenen in Fluss und kommen immer mehr in Kontakt mit unseren wirklichen Bedürfnissen, unter anderem, was Ernährung, Entspannung und Bewegung betrifft. Der erste Grad stärkt unser Immunsystem und aktiviert unsere Selbstheilungskräfte.

Oft kommen Teilnehmer zum I. Grad-Seminar, weil sie selbst ein körperliches oder seelisches Problem haben oder weil jemand aus ihrem Verwandten- oder Bekanntenkreis ein solches Problem hat und sie ihm helfen wollen. Reiki gibt uns die innere Klarheit, die nötig ist, um die Ursachen eines Geschehens zu erkennen, sowie die Kraft, unsere Einstellung zu ändern, sodass eine seelische oder körperliche Krankheit überflüssig wird. Wir lernen die Lektion, die mit dem Problem verbunden war, und damit können Symptome über Nacht verschwinden.

Im ersten Grad findet eine harmonische Entwicklung all unserer Energiezentren statt, und zwar mit besonderer Betonung des Wurzel- oder Basiszentrums. In diesem Zentrum sind wir verwurzelt, hier fühlen wir uns geerdet. Wenn die Energie in diesem Chakra frei fließt, verlieren wir unsere Zukunfts- und Existenzängste, kommen mit der materiellen Ebene besser klar, übernehmen bereitwilliger Verantwortung und trauen uns viel mehr zu. Je freier die Energie im Wurzelzentrum fließt, desto seltener be- und verurteilen wir uns selbst und andere und desto positiver und konstruktiver wird unsere Einstellung dem Leben, uns selbst und anderen gegenüber.

»Ist das Glas halb voll oder halb leer?« Wenn wir das beurteilen sollen, entscheiden wir uns immer mehr dafür, das Positive in der jeweiligen Situation zu sehen und zufrieden mit dem zu sein, was wir haben und sind. Unsere Beziehungen werden authentischer, liebevoller und ehrlicher. Viele machen »klar Schiff« in ihren Beziehungen und verzeihen zum Beispiel ihren Eltern oder haben endlich den Mut, Überfälliges mit ihrem Chef zu klären. Der erste Grad befähigt uns auch, besser mit Stresssituationen umzugehen. Auf Situationen, die uns früher überfordert hätten, können wir jetzt mit heiterer Gelassenheit und Humor reagieren.

Mit dem ersten Grad öffnen wir uns aber auch bereits für unsere intuitive Ebene. Wir merken zum Beispiel, dass wir immer öfter von innen heraus das Richtige tun und das Falsche sein lassen. Auf der spirituellen Ebene erkennen wir, dass wir Glück nicht im Außen zu suchen brauchen, weil wir in uns etwas viel Kostbareres und Dauerhafteres finden können, nämlich göttlichen Frieden. Anfangs nur ab und zu, dann aber immer deutlicher und beständiger erfahren wir, dass wir in unserer Essenz göttlich sind und dass Gott nicht »im Himmel«, sondern in uns wohnt. Uns wird bewusst: Gott hat uns nicht vergessen. Wir haben Ihn vergessen! Und da Gott ein Teil von uns ist, können wir uns nie von Ihm abwenden.

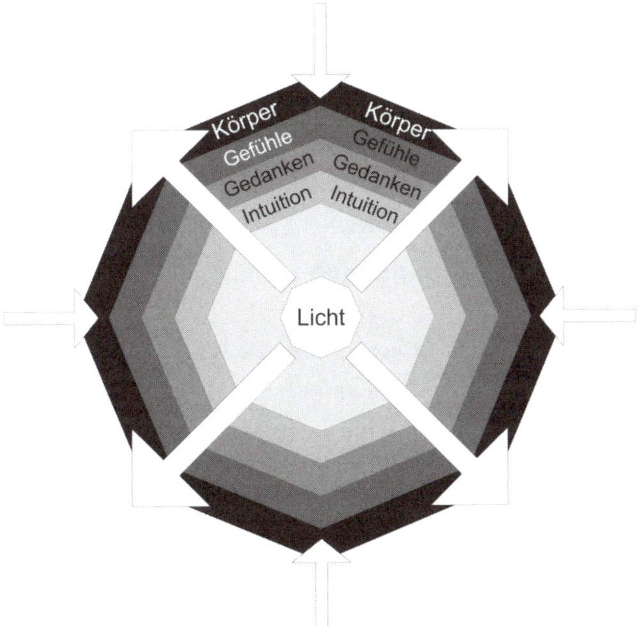

Energetischer Aufbau von uns selbst (Schema)

Jeden Tag sollten wir uns selbst eine Reiki-Ganzbehandlung geben. Mit jeder Position decken wir mindestens ein Chakra ab sowie jede Menge Drüsen und innere Organe. So können wir auf allen Ebenen von der universalen Energie profitieren. In dem Maße, in dem wir unser Herz öffnen, werden wir lebendiger und strahlen bedingungslose Liebe aus. In der Bibel heißt es: »Liebe deinen Nächsten wie dich selbst.« Und: »Werdet wie die Kinder.« Jetzt kennen wir eine wirksame Methode, unsere Liebesfähigkeit vom Herzchakra aus zu entwickeln und in Kontakt mit unserem »inneren Kind« zu kommen, dem Quell der Lebensfreude, der Begeisterungsfähigkeit und des Enthusiasmus. Der erste Reiki-Grad ist der Beginn einer Reise ins Unbekannte, zu unserer wahren, göttlichen Natur.

Reiki ohne Einstimmungen

»Glaube nichts, nur weil die Weisen es behaupten.
Glaube nichts, nur weil es immer schon so war.
Glaube nichts, nur weil andere es glauben.
Prüfe und erfahre alles selbst.«

BUDDHA

Das Herzstück eines Reikikurses bilden die sogenannten »Einstimmungen«. Im ersten Grad bekommt man vier Einstimmungen, im zweiten eine, in jedem weiteren Grad auch eine und im siebten Grad drei. Hinzu kommen ab Grad IIIA sogenannte »verstärkende« Einstimmungen, die unsere Kapazität der jeweiligen Grade dauerhaft erweitern. In diesen Einstimmungen benutzt der dazu ausgebildete und kompetent eingestimmte Reiki-Lehrer bestimmte universale, kosmische Symbole in einer ganz bestimmten, überlieferten Reihenfolge, um den Kanal, der die Chakren miteinander verbindet, von innen her zu erweitern und das Chakra, das dem jeweiligen Grad zugeordnet ist, besonders intensiv zu aktivieren. Daher kann man sich Reiki nicht selbst beibringen. Man braucht einen kompetenten Lehrer, der einem die Einstimmungen gibt.

Wer die Wirkung von Reiki kennenlernen möchte, bevor er sich zur Teilnahme an einem Reiki-Seminar entschließt, kann mit einem »Trick« arbeiten. Beim authentischen Reiki wird ausschließlich universale Energie aktiviert. Diese Energie ist in ihrer Essenz die Kraft der bedingungslosen Liebe. Unser Herzzentrum strahlt nun ständig, ob wir uns dessen bewusst sind oder nicht, diese höchste Schwingung im Universum aus. Unsere Arme und Hände sind als Verlängerung des Herzchakras, dazu da, bedingungslose Liebe zu verbreiten. Wenn wir jetzt während einer Behandlung mit unserem Bewusstsein im Herzzentrum bleiben, arbeiten wir ausschließlich mit dieser Kraft – genau wie nach einer Reiki-Einweihung.

Während wir uns selbst oder andere behandeln, konzentrieren wir uns also auf unser Herzchakra in der Mitte der

Brust und geben unserem Herzen den Impuls: »Gib!« Das Herzzentrum kann nichts anderes geben als bedingungslose Liebe. Wie eine kleine Sonne strahlt es diese Schwingung ununterbrochen aus. Wenn Gedanken dazwischenkommen und wir es merken, gehen wir sofort mit unserer Aufmerksamkeit zu unserem Herzen zurück und sagen: »Gib!«

Dies ist eine wunderschöne Herzensmeditation, bei der wir eine Menge Heilungsenergie aktivieren. Nur durch die Kraft bedingungsloser Liebe ist Heilung möglich. Wenn wir keinen Reiki-Grad haben, aktivieren wir zwar nicht so viel von dieser Heilkraft, aber immerhin genug, um erste und profunde Erfahrungen mit dieser Energie zu machen. Sind wir erst einmal »auf den Geschmack gekommen«, möchten wir vielleicht mindestens den ersten Reiki-Grad erlangen. Und das hätte in der Tat einige Vorteile. Wenn wir nämlich einmal richtig und kompetent eingestimmt sind, spielt es keine Rolle mehr, was wir denken. Bringen wir danach unsere Hände in die Nähe eines Lebewesens, aktivieren wir ausschließlich universale Energie, ob wir uns dessen bewusst sind oder nicht. Damit findet eine Harmonisierung von Körper, Seele und Geist statt, und mit der Zeit lösen sich Blockaden auf allen Ebenen auf, sodass diese Energie immer freier durch uns hindurchfließen kann und unsere Ausstrahlung immer stärker wird.

Das ist das Sensationelle an einem Kurs zur Erlangung des ersten Reiki-Grads: Wir werden für alle Ewigkeit an die

Kraft der bedingungslosen Liebe angeschlossen und haben von nun an eine wesentlich größere Kapazität als ohne Einstimmung. Mit den Einstimmungen in den ersten und den zweiten Grad wird unsere Fähigkeit, mit Lichtenergie zu arbeiten, mindestens verdoppelt. Mit dem Erreichen des dritten Grades hat sie sich sogar mindestens vervierfacht!

Es geht also auch ohne Einstimmungen, aber mit ihnen kannst du dich während der Reiki-Behandlungen so richtig entspannen und brauchst dich weder auf etwas Bestimmtes zu konzentrieren noch an etwas Bestimmtes zu denken.

Empfehlungen für die Reiki-Ganzbehandlung

Sorge dafür, dass du nicht gestört wirst.

Ruhige, entspannende Musik kann hilfreich sein.

Wasche dir vor der Behandlung die Hände.

Bitte den zu Behandelnden, Brille und Schuhe abzulegen.

Mach es dir und dem zu Behandelnden bequem, damit die äußeren nicht von den inneren Erfahrungen ablenken. Ideal ist eine gepolsterte Reiki-Liege in der richtigen Höhe mit viel Beinfreiheit für den Behandler, ein stabiler Esstisch oder eine Matte auf dem Boden. Lege ein Kissen unter den Kopf und unter die Knie des zu Behandelnden, wenn er es wünscht, und decke ihn mit einer Decke zu.

Gib immer eine Ganzbehandlung, außer bei Unfällen, Notfällen und akutem Stress.

Halte jede Position etwa fünf Minuten lang. Wenn du den Betreffenden nicht direkt berühren kannst oder willst, kannst du die Hände auch einige Zentimeter über die jeweilige Position halten.

Arme und Beine sollten nicht gekreuzt sein, um die Blutzirkulation nicht zu beeinträchtigen.

Wenn du weißt, warum der Betreffende eine Reiki-Behandlung haben möchte, kannst du eine geeignete Zusatzposition auswählen.

Wenn du jemandem zum ersten Mal Reiki gibst und derjenige ernsthafte Probleme hat, wäre es gut, ihn an drei aufeinanderfolgenden Tagen zu behandeln, zum Beispiel am Freitag, Samstag und Sonntag. Damit wird so viel Energie zur Verfügung gestellt, dass derjenige eventuell entstehende Heilungskrisen schnell überwindet. Reiki »erfindet« nichts, sondern bringt nur an die Oberfläche, was da ist, damit es bearbeitet werden kann.

Ein wenig Reiki ist grundsätzlich besser als kein Reiki. Wenn du weniger Zeit hat, mach einfach weniger Positionen.

Du kannst die Behandlungen beliebig lange fortsetzen, aber mindestens so lange, bis wieder Harmonie und Gesundheit hergestellt sind.

Die zwölf Positionen und ihre Wirkungen auf Körper, Seele und Geist

»Das Reich des Seins, das vom Verstand verdeckt wurde, öffnet sich. Plötzlich entsteht eine tiefe Stille in dir, ein unergründliches Gefühl von Frieden. Und im Inneren dieses Friedens ist immense Freude. Und im Inneren dieser Freude ist Liebe. Und im innersten Kern ist das Heilige, das Unermessliche, das, was man nicht benennen kann.«

ECKHART TOLLE, »JETZT«

Die Zwölf-Positionen-Ganzbehandlung ist *die* Technik zur Aktivierung universaler Energie, die man im ersten Grad lernt und die einen hoffentlich durch alle Grade begleitet, die man jemals lernen wird. Mit diesen Positionen arbeiten wir vor allem an unseren Hauptenergiezentren oder Chakren. Indem sie sich drehen, verteilen diese Energiezentren universale oder Lichtenergie im ganzen Körper und bis in die Extremitäten. Mit einer Ganzbehandlung decken wir also alle möglichen Ursachen von Disharmonien ab.

Durch die vier Einstimmungen des ersten Grades sind wir ein für alle Mal auf die universale Energie eingestimmt. Das heißt, wir haben die Garantie, ausschließlich universale Energie zu aktivieren. Nur universale Energie wirkt immer unterstützend, kann nicht überdosiert werden, hat keine Nebenwirkungen und bringt uns selbst und die Menschen, die wir behandeln, in Kontakt mit *unseren* oder *ihren* wahren Bedürfnissen.

Reiki wirkt immer ursächlich und ganzheitlich. Das heißt, wir arbeiten nie nur auf der körperlichen Ebene. Auf den folgenden Seiten beschreibe ich, welche Wirkungen die zwölf Positionen der Ganzbehandlung auf der körperlichen, der emotionalen, der mentalen und der spirituellen Ebene haben. An diese Wirkungen brauchst du nicht zu glauben. Wenn du Reiki praktizierst, wirst du sie selbst erleben. Allerdings ist jeder Mensch einzigartig. Es kann also durchaus sein, dass du Erfahrungen machst, die hier nicht beschrieben werden. Dann trau lieber deiner eigenen Erfahrung als diesem Buch!

Als ich den ersten Grad machte, erlebte ich bei der vierten Vorderposition Gefühle wie Liebe, Einssein, Glück und Freude. Als ich dann im Handbuch nachlas, stellte ich fest, dass diese Erfahrungen unter »Herzposition« aufgelistet waren. War mein Herz in die Hose gerutscht? Nein. Ich war damals einfach sehr wenig geerdet. Ich bin vom Sternzeichen Wassermann mit Aszendent Schütze und habe nur ein paar »Krümel Erde« in meinem Horoskop. In dieser Hinsicht hatte ich also Nachholbedarf. Früher hatte ich zum Beispiel kein gutes Verhältnis zum Thema Verantwortung. Kinder zu haben, für die ich ein Leben lang »zuständig« sein sollte, war ein Gedanke, der mich schreckte. Am liebsten hätte ich den ganzen Tag meditiert. Die Pflichten, die der Alltag so mit sich bringt, erfüllte ich nur ungern. Aufgrund dieser mangelnden Erdung fühlte sich die vierte Vorderposition herrlich für mich an und die vierte Rückenposition auch. Wenn meine Hände dort lagen, waren sie heiß und schwer. Nach einigen Monaten war mein Nachholbedarf offenbar gedeckt, denn die vierte Vorder- und Rückenposition fühlte sich ganz normal an. Meine Existenzängste hatten sich aufgelöst, und ich entwickelte eine viel positivere Einstellung zum Thema Verantwortung. Als ich dann wusste, dass ich schwanger war, freute ich mich auf meinen Sohn, obwohl mir schon in der sechsten Schwangerschaftswoche klar war: Der Vater meines Kindes wird sich nicht um seinen Sohn kümmern. Ohne Reiki hätte mich diese Situation in Panik versetzt.

Reiki-Behandlungen sind ganzheitlich, und zwar in dem Sinne, dass sich die zwölf Positionen der Ganzbehandlung jeweils auf allen Ebenen auswirken. Es ist also völlig egal, ob die Migräne, unter der wir vielleicht leiden, hauptsächlich seelische oder hauptsächlich körperliche Ursachen hat. Universale Energie findet immer ihren Weg zu den Ursachen eines Geschehens und schenkt uns neben der Erkenntnis darüber auch die Kraft, unsere Einstellung dazu zu ändern. So wird Heilung im Sinne von Ganzwerdung möglich. Du kannst natürlich auch von Reiki profitieren, wenn du gar keine körperlichen oder seelischen Probleme hast. Nutze die Energie für deine spirituelle Entwicklung, erlebe Bewusstseinszustände wie Freude am Sein, Einheitsbewusstsein, göttlichen Frieden und bade im Meer bedingungsloser Liebe. Als höchste und damit kraftvollste Schwingung im Universum ist universale Energie in der Lage, alle niederen Schwingungen – Körper, Gedanken, Gefühle – zu transformieren und unsere spirituelle Entwicklung voranzubringen.

Die erste Kopfposition

Körperliche Ebene: Bei der ersten Kopfposition decken wir die Hirnanhangsdrüse und die Zirbeldrüse ab. Die Hirnanhangsdrüse ist unsere »Meisterdrüse«, weil sie alle anderen Drüsen steuert. Die Drüsen wirken über die Hormonausschüttung auf alle körperlichen Prozesse und auch auf unsere Gefühle ein. Die Zirbeldrüse nimmt Lichtenergie auf und transformiert sie so, dass sie für unseren Körper zur Verfügung steht. Sie produziert das Hormon Melatonin, das nicht nur für einen tiefen und gesunden Schlaf sorgt, sondern auch eines der kraftvollsten Antioxidanzien ist, das wir kennen. Im Alter nimmt die Melatoninproduktion ab. Mit der ersten Kopfposition aktivieren und harmonisieren wir die Funktion dieser beiden Drüsen. Gleichzeitig decken wir die Augen ab. Wer Augenprobleme hat, etwa Kurz- oder Weitsichtigkeit, oder öfter unter müden Augen leidet, kann mit der Zeit eine Verbesserung spüren. Wenn wir Reiki machen, geht die Wirkung immer in Richtung Gleichgewicht und Harmonie. Mit der Zeit nehmen viele Menschen Farben leuchtender, brillanter wahr. Außerdem decken wir mit dieser Position die Nebenhöhlen ab. Wer also eine chronische Nebenhöhlenentzündung hat oder Schnupfen, wird von dieser Position profitieren. Bei Schnupfen ist es hilfreich, sich zu fragen: »Warum bin ich verschnupft?« Oder: »Wovon, vielleicht auch von wem, habe ich die Nase voll?« Indem wir das tun, arbeiten wir mit unserem Höheren Selbst zusammen, der Instanz der Weisheit und Allwissenheit, und können den Heilungsprozess wesentlich verkürzen. Außerdem decken wir mit dieser Position Zähne und Kiefer ab und tun etwas zur Stärkung von Zahnschmelz und Zahnfleisch.

Auch auf der *emotionalen* Ebene profitieren wir von der ersten Kopfposition. Sie hilft uns, wenn wir Ängste haben, unter Stress leiden, Probleme wälzen oder uns Sorgen machen. Mit der Zeit sehen wir Dinge gelassener und können wieder zu unserer Mitte finden und lassen Ängste und Sorgen los. Wir schirmen uns gegen zu viele Eindrücke von außen ab.

Auf der *mentalen oder gedanklichen Ebene* profitieren wir von dieser Position, weil sie unsere Gedanken ruhiger, klarer, positiver und konstruktiver werden lässt. Wenn wir uns überfordert fühlen und diese Position anwenden, sind wir besser in der Lage, Prioritäten zu setzen, uns zu konzentrieren, innerlich zu sammeln und sogenannte »Dritte-Weg-Lösungen« zu finden. Das sind Lösungen, von denen alle Beteiligten profitieren, und nicht die eine Partei auf Kosten der anderen. Dadurch, dass diese Position die Gedanken beruhigt, können wir mit ihrer Hilfe in erstaunlich kurzer Zeit regenerieren. Abends hilft sie uns, einen Vorhang vor unser Bewusstsein zu ziehen, Gedanken loszulassen und leichter einzuschlafen oder, wenn wir mitten in der Nacht aufwachen, schneller wieder einzuschlafen. Fast alle Schlafprobleme erledigen sich mit dem ersten Grad, meist noch während des Seminars.

Auf der *spirituellen Ebene* bewirkt die erste Kopfposition, dass wir mehr in Kontakt mit unserer inneren Führung kommen. Außerdem werden wir über die Aktivierung unseres Kronenzentrums empfänglicher für höhere Energien und bleiben auch in Alltagssituationen leichter in einem meditativen Zustand beziehungsweise in unserer Mitte. Wir identifizieren uns nicht mehr so leicht mit unseren Problemen oder den Problemen anderer und bleiben auch in Stresssituationen heiter und gelassen.

Mit der ersten Kopfposition entwickeln wir immer mehr Einheits- oder kosmisches Bewusstsein. Wir erkennen, dass das Wohl des Ganzen auch unseres einschließt. Unser Wunsch entwickelt sich, über den Tellerrand unserer individuellen Interessen hinaus zu schauen und diesem Ganzen immer mehr zu dienen. Dadurch werden wir erfüllt und glücklich und fühlen uns nie mehr allein.

Die zweite Kopfposition oder Schläfenposition

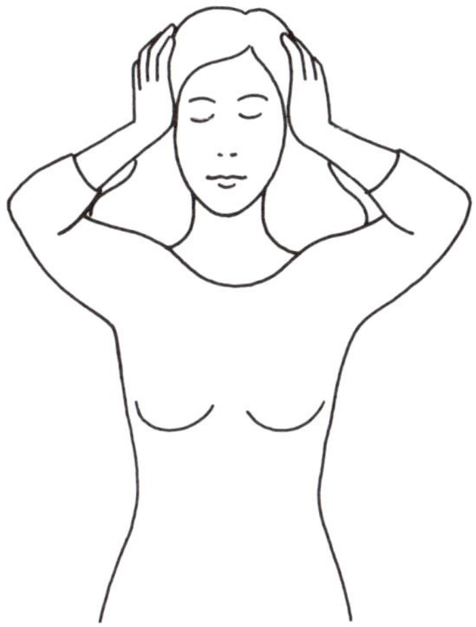

Zusammen mit der dritten bewirkt die zweite Kopfposition oder Schläfenposition auf der *körperlichen Ebene* eine Verbesserung bei Kopfschmerzen und Migräne. Wie alle Reiki-Positionen können wir auch diese prophylaktisch einsetzen, damit es gar nicht erst zu Beschwerden kommt. Auch hier werden Zirbel- und Hirnanhangsdrüse ins Gleichgewicht gebracht. Diese Position hilft auch bei Reisekrankheit.

Auf der *emotionalen Ebene* profitieren wir von dieser Position, weil sie die Ausschüttung von Endorphinen anregt, sogenannten Wohlfühl- oder Glückshormonen, die der Körper produziert, um einen Zustand des seelischen Wohlgefühls aufrechtzuerhalten oder wiederherzustellen. Wir können diese Position also mit Gewinn bei Depressionen, Sorgen, Stress, Ängsten und anderen seelischen Problemen einsetzen. Wenn wir uns akut niedergedrückt fühlen, sollten wir diese Position sofort anwenden, damit sich dieser Zustand nicht verfestigt, aber natürlich wirkt die Position auch vorbeugend. Wir erleben mehr heitere Gelassenheit und können uns besser an unsere Träume erinnern. Diese Position bringt die linke und rechte Gehirnhälfte ins Gleichgewicht und fördert die Verbindung der beiden Hemisphären. Die rechte Gehirnhälfte steht für Intuition, ganzheitliches Denken, Gefühle und Kreativität; die linke steht für rationales Denken, analytisches Denken und Intellekt. Bei vielen Menschen ist die Verbindung der beiden Gehirnhälften, der sogenannte »Balken« nicht besonders gut entwickelt. Es gibt zu wenige Nervenverbindungen oder Synapsen, was dazu führt, dass die Gehirnhälften unkoordiniert arbeiten und manchmal sogar gegeneinander. Diese Reiki-Position fördert eine Harmonisierung der beiden Gehirnhälften und sorgt so dafür, dass sie in Zukunft besser zusammenarbeiten. Durch die drei ersten Kopfpositionen werden auch mehr graue Zellen im Gehirn aktiviert. Beim Durchschnittsmenschen ist höchstens ein Drittel aller Nervenzellen im Gehirn aktiv, während der größte Teil sozusagen im Dornröschenschlaf liegt.

Auf der *mentalen oder gedanklichen Ebene* bewirkt die Position, dass unsere Gedanken ruhiger, klarer, positiver und konstruktiver werden und dass sich unsere Einstellung zu vielen Themen ändert. Wir sehen Probleme immer mehr als Herausforderungen an und erleben Krisen als Zeiten des Wachstums. Unsere Kreativität wird angeregt und wir werden produktiver, das heißt, wir verwirklichen mehr von unseren Ideen. Sowohl unser Langzeitgedächtnis als auch unser Kurzzeitgedächtnis können sich mit der Zeit verbessern.

Auf der *spirituellen Ebene* oder Ebene der Persönlichkeitsentwicklung aktivieren wir das Kronenzentrum und das Dritte Auge. Das heißt, wir werden durchlässiger für Lichtenergie, erkennen unsere Aufgaben im Leben deutlicher und verfeinern unsere Wahrnehmung. Wir werden offener und unsere Ansichten werden universaler.

Die dritte Kopfposition

Bei der dritten Kopfposition decken wir auf der *körperlichen Ebene* zwei wichtige Gehirnzentren ab: das Sprachzentrum und das Gewichtszentrum. Wer Probleme hat, sich klar zu äußern und vielleicht unter Stottern leidet, wird sehr von dieser Position profitieren. Im Gewichtszentrum ist unser individuelles Idealgewicht abgespeichert, ähnlich wie die erwünschte Zimmertemperatur in einem Thermostat. Dieses individuelle Idealgewicht kann stark von dem gesunden Idealgewicht abweichen, nach oben wie nach unten. Wenn wir diese Position längere Zeit halten, werden sich die Werte immer mehr angleichen, und wir erreichen mühelos das für uns optimale Idealgewicht. Wie schon erwähnt, beugt diese Position auch Kopfschmerzen und Migräneanfällen vor und hilft auch im akuten Fall. Die Position wirkt sich auch günstig auf die Augen und damit auf die

Sehkraft aus. Sie macht abends leichter müde und morgens besser wach. Außerdem stärkt sie den Gleichgewichtssinn.

Eine besonders positive Wirkung hat die dritte Kopfposition sowohl auf der *emotionalen* als auch auf der *mentalen Ebene*. Sie vermittelt uns Trost, Geborgenheit und die Gewissheit, dass es eine Kraft – wie immer wir sie nennen möchten – gibt, die uns trägt, unterstützt und liebt. Deshalb können wir diese Position mit Gewinn zur Vorbeugung und Therapie von Selbstzweifeln, Traurigkeit, Selbstwertkrisen und depressiven Verstimmungen einsetzen. Sie stärkt unser Selbstwertgefühl und gibt uns die Gewissheit, dass alles gut ist oder wird. Wir können erleben, wie es ist, sich in Gottes Liebe geborgen zu fühlen. Diese Position hilft bei Entzugserscheinungen und Schmerzen und trägt, ähnlich wie die zweite Kopfposition, dazu bei, dass wir uns besser an unsere Träume erinnern können. Träume sind keine Schäume, sondern können uns beim Wachsen und Lernen unterstützen. Diese Position hilft bei negativen Gedanken, wenn wir alles nur noch grau in grau sehen. Wir erleben mehr heitere Gelassenheit und unsere schöpferische Energie wird im weitesten Sinne angeregt.

Auf der *spirituellen Ebene* aktivieren wir in dieser Position das Dritte Auge, den Sitz des ganzheitlichen Denkens und der Visionen. Außerdem werden unsere Sinne geschärft und damit zum Beispiel auch unsere Fähigkeit der Hellsichtigkeit und Präkognition. Auch diese Position macht uns empfänglicher für höhere Energieschwingungen.

Die vierte Kopfposition oder Halsposition

Mit dieser Position decken wir auf der *körperlichen Ebene* unter anderem die Schilddrüse ab. Die Schilddrüse beeinflusst über die Ausschüttung der Schilddrüsenhormone T3 und T4 den Stoffwechsel sowie zahlreiche körperliche und seelische Prozesse. Sie wird gesteuert vom Hypothalamus und von der Hirnanhangsdrüse, welche die Vorstufen der Schilddrüsenhormone produzieren: TRH und TSH. Da die Hirnanhangsdrüse (Hypophyse) sehr stressanfällig ist, kann es bei chronischem Stress zu einer Unter- oder Überfunktion der Schilddrüse kommen.

Beides ist für die davon Betroffenen äußerst unangenehm. Bei Schilddrüsenunterfunktion ist der ganze Stoffwechsel verlangsamt, und es kommt zu Verstopfung, Gewichtszunahme sowie Lethargie und Antriebslosigkeit. Bei einer Überfunktion der Schilddrüse passiert genau das Gegenteil: Der Stoffwechsel ist beschleunigt, und die Menschen sind meist dünn, eher hyperaktiv, nervös und neigen zu Wutanfällen. Mit Reiki bringen wir die Funktion der Schilddrüse ins Gleichgewicht.

Wer öfter Halsbeschwerden hat, kann mit Reiki Ursachenforschung betreiben. Wir legen die Hände in die Halsposition und fragen uns beziehungsweise unser Höheres Selbst: »Warum habe ich jetzt Halsschmerzen?« Die Ursache kann beispielsweise darin liegen, dass wir negative Gefühle hinuntergeschluckt oder uns nicht für Menschen eingesetzt haben, die ungerecht behandelt wurden. Mit dieser Position können wir Energieblockaden im Halsbereich auflösen. Wir aktivieren den lymphatischen Rachenring, der zum einen als Filter dient und zum anderen Informationen über eindringende Krankheitskeime ans Immunsystem weitergibt, damit dieses die passenden Antikörper bereitstellen kann. Mit dieser Position stärken wir also unser Immunsystem. Da sie die Halsschlagader abdeckt, ist diese Position – neben der ersten Vorder- und der zweiten Rückenposition – auch bei Herzproblemen wie Angina pectoris sowie bei zu hohem Blutdruck empfehlenswert und wirkt sich günstig auf den Kreislauf aus. Außerdem hilft sie therapeutisch und prophylaktisch bei Schlaganfall.

Im Bereich der Halsposition finden wir auch zahlreiche Lymphbahnen, die im Milchbrustgang zusammenfließen. Die Lymphflüssigkeit ist eine wichtige Körperflüssigkeit, welche weiße Blutkörperchen bei drohender Gefahr zu den Infektionsherden transportiert und Schlacken vom Zellstoffwechsel zu den Ausscheidungsorganen. An Volumen übertrifft sie sogar das Blut, das durch unseren Körper fließt. Sie wird nicht von einer Pumpe in Gang gehalten, wie das Blut vom Herzen, sondern durch Muskelkontraktionen, also durch Bewegung. Da sich heutzutage viele Menschen zu wenig bewegen, kann die vierte Kopfposition – wie übrigens auch die vierte Vorder- und Rückenposition – entscheidend dazu beitragen, die Lymphflüssigkeit in Gang zu halten.

Für die *emotionale und mentale Ebene* ist diese Position ebenfalls sehr wichtig. Viele Menschen haben sich, wie gesagt, angewöhnt, negative Gefühle zu schlucken. Aber damit sind sie natürlich nicht aus der Welt und können zu Energieblockaden im Halsbereich führen, zu einem Kloß im Hals oder zu Heiserkeit. Diese Position hilft, die Blockaden in diesem Bereich aufzulösen, sodass die Energie wieder frei fließen kann. Wir brauchen sogenannte negative Gefühle wie Wut, Groll und Feindseligkeit nicht unbedingt herauszulassen, aber wir sollten sie auch nicht schlucken oder versuchen, sie »unter dem Teppich« zu halten. Mit Reiki können wir sie umwandeln und auflösen, also befreien. Die Energie, die wir vorher aufgewendet haben, um solche Gefühle in Schach zu halten, steht uns nun zur Verfügung. Wir gewinnen Trost, Lebensfreude und Achtung vor uns selbst. Die vierte Kopfposition trägt auch dazu bei, den Strom der Gedanken zu beruhigen und die Gedanken klarer zu artikulieren, sowohl schriftlich als auch mündlich. Nun sind wir eher bereit, zu einer Meinung, die wir uns aus gutem Grund gebildet haben, zu stehen, statt uns wie ein Fähnchen im Wind nach dem zu richten, was von uns erwartet wird.

Auch auf der *spirituellen Ebene* profitieren wir von der Halsposition. Weil das Halschakra der Sitz von Ausdruck, Kommunikation, Beziehungen, Wahrheitsliebe und Gerechtigkeitssinn ist, werden wir zum Beispiel erleben, dass unsere Kommunikation und unsere Beziehungen mit der Zeit authentischer, ehrlicher und liebevoller werden. Auch unsere Wahrheitsliebe und unser Gerechtigkeitssinn werden gestärkt. Es heißt: »Der liebe Gott kennt nur die Wahrheit und die Lüge. Notlügen sind eine menschliche Erfindung.« Mit Reiki werden wir ein Gefühl dafür bekommen, dass uns all die kleinen Unaufrichtigkeiten unnötig viel Energie abziehen. Wir engagieren uns auch mehr für Menschen oder Tiere, die ungerecht behandelt werden, und machen uns zum Anwalt der Schwächeren. Auch unsere Kreativität und Produktivität profitieren von dieser Position. Das Halschakra verbindet die unteren Chakren mit den oberen und wird daher auch »Nadelöhr« der Energie genannt. Und es ist ein Kraft erzeugendes Energiezentrum. Wer also unter einem Mangel an Vitalität und Lebensenergie leidet, wird sehr von dieser Position profitieren.

Die Herzposition (erste Vorderposition)

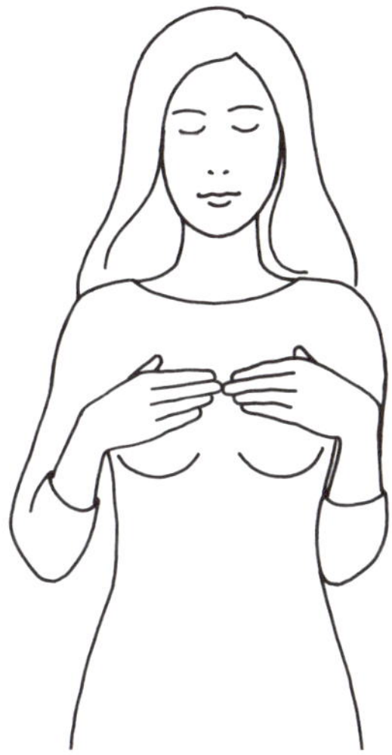

Auf der *körperlichen Ebene* decken wir mit dieser Position das Herz ab und beeinflussen alle Herzprobleme günstig: nervöses Herz, Angina pectoris, Herz-Rhythmusstörungen, zu hoher Blutdruck, Arteriosklerose mit Gefahr von Herzinfarkt. Niedriger Blutdruck ist das einzige Herzthema, für das eine andere Position (Zusatzposition Leistenbeuge) effektiver ist. Auch die Lungenflügel liegen im Bereich der Herzposition. Wer also mit der Lunge Probleme hat und vielleicht ab und zu unter Lungenentzündungen oder einer tief sitzenden Bronchitis leidet, sollte diese Position öfter und längere Zeit halten. Lungenprobleme kann man auch auf der Seite liegend behandeln, indem man den oberen Arm über den Kopf streckt, um die »Angriffsfläche« zu vergrößern, und die andere Hand erst oben, dann unten seitlich auf die Lungenflügel legt. Hinter dem Brustbein liegt die Thymusdrüse. Das ist eine kleine Drüse, die unter anderem für das Längenwachstum zuständig ist. Wenn sie nicht gut arbeitet, kommt es zu Kleinwuchs. Früher hat man geglaubt, die Thymusdrüse stelle mit Abschluss der Pubertät ihre Tätigkeit ein. Das stimmt aber nicht. Hier werden die weißen Blutkörperchen zwar nicht gebildet, aber ausgebildet, und zwar für ihren Kampf gegen Viren und Bakterien. Die Thymusdrüse ist also so eine Art Eliteschule. Die T-Lymphozyten, die hier trainiert werden, haben alle anderen weißen Blutkörperchen unter sich. Mit der ersten Vorderposition stärken wir also direkt unser Immunsystem. Außerdem hat die Position einen günstigen Einfluss auf das Lymphsystem, indem sie Lymphstaus vorbeugt.

Dass die Herzposition auch für die *emotionale Ebene* wichtig ist, liegt auf der Hand. Nicht umsonst ist das Herz ein Symbol für Liebe. Vom Herzzentrum aus entwickeln wir allerdings eine ganz besondere Art von Liebe, nämlich bedingungslose oder erwartungslose Liebe, ja sogar universale Liebe, die kein Objekt mehr braucht. Das ist eine ganz andere Liebe als die, die in Schlagern besungen wird, in denen es zum Beispiel sinngemäß heißt: »Liebst du mich? Liebst du mich wirklich? Ja, dann lieb ich dich auch.« Diese Liebe ist an Bedingungen geknüpft und wird wie ein Wasserhahn auf- und zugedreht, je nachdem, ob das Gegenüber unsere Liebe erwidert oder nicht. Mit Reiki entwickeln wir immer mehr bedingungslose Liebe, die an keine Bedingungen oder Erwartungen geknüpft ist. So wie die Rose ihren Duft verströmt oder die Sonne ihre Wärme und ihr Licht, verströmen auch wir immer mehr bedingungslose Liebe. Wir brauchen mehr von dieser Liebe in unserem Leben, und auch die Welt braucht mehr von dieser Energie. Wenn wir Gefühle in uns wahrnehmen, die nicht mit dieser hohen Schwingung von Liebe in Harmonie sind, wie Eifersucht, Ärger, Neid,

Hass oder Feindseligkeit, legen wir unsere Hände einfach so lange auf diese Position, bis sich diese Gefühle verändern. Wir erkennen, dass unsere Gefühle zum Beispiel einer Person gegenüber einmal sehr positiv waren, dass wir diese Person gemocht oder sogar geliebt haben und dass wir irgendwann aufgrund enttäuschter Erwartungen den Spieß umgedreht haben. Und jetzt hassen wir diese Person. Das Gegenteil von Liebe ist aber nicht Hass, sondern Gleichgültigkeit. Reiki bringt uns wieder mit unseren ursprünglich positiven Gefühlen in Kontakt und baut dadurch Stress ab. Wir lernen, nicht zu resignieren, sondern Personen und Situationen zu akzeptieren und darauf zu vertrauen, dass letztlich alles unserem Besten dient.

Auch auf der *gedanklichen oder mentalen Ebene* profitieren wir von dieser Position. Unsere Gedanken werden harmonischer, liebevoller, konstruktiver und wohlwollender. Außerdem fällt es uns leichter, uns zu sammeln und zu konzentrieren.

Auf der *spirituellen Ebene* bewirkt die Herzposition mit der Zeit, dass wir ein liebevolleres Verhältnis zu uns selbst und anderen entwickeln. Wir strahlen immer mehr bedingungslose Liebe von unserem Herzzentrum aus. Belohnt wird diese gesteigerte Liebesfähigkeit mit Glück, Harmonie, Freude am Sein, kosmischem oder Einheitsbewusstsein, Glückseligkeit, ja Ekstase. Wenn wir dauerhaft ein Einheitsbewusstsein erreicht haben, können wir nicht mehr miteinander streiten. Sich zu streiten, Kriege zu führen oder die Umwelt zu verschmutzen, kommt einem dann ähnlich absurd vor, als wolle man sich bei vollem Bewusstsein ein Stück vom eigenen Finger abschneiden. Auf eine solche Idee würde kein vernünftiger Mensch kommen. Damit ist auch klar, dass möglichst viele Menschen möglichst bald ein kosmisches oder Einheitsbewusstsein erreichen müssen. All unsere Probleme hängen mit der Illusion zusammen, dass wir von anderen getrennt seien. In Wahrheit sind wir alle eins. Diese Erfahrung machen wir nun immer öfter, und wir können erleben, wie wir über unser Herzzentrum mit anderen verschmelzen, mit Menschen, mit Tieren und, zum Beispiel, mit der Erde. So fühlen wir uns immer mehr eins und verbunden mit allen Lebewesen auf diesem Planeten, und so entwickeln wir Mitgefühl.

Die zweite Vorderposition

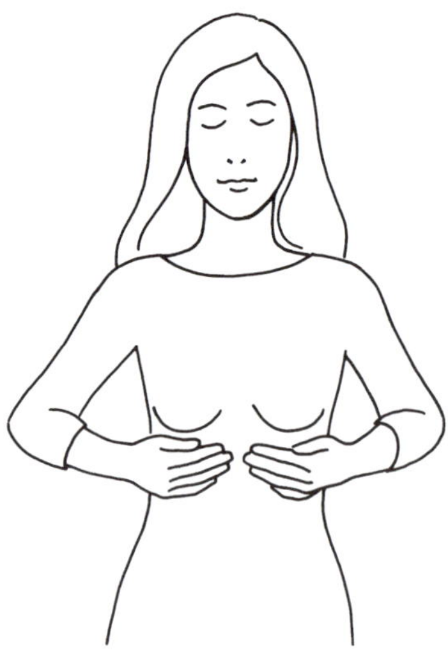

In der zweiten Vorderposition liegen die Hände unterhalb der Brust, aber noch auf den Rippen. Wir spüren also noch etwas Hartes unter den Fingern. Diese Position ist auf der *körperlichen Ebene* nützlich zur Aktivierung und Förderung einer gesunden Verdauung, denn hier liegen wichtige Verdauungsorgane, zum Beispiel der

Magen. Im Magen herrscht ein subtiles Gleichgewicht zwischen der aggressiven Magensäure (Salzsäure) und der empfindlichen Magenschleimhaut. Durch »Säurelocker« wie Kaffee, schwarzer Tee oder Stress kann die Magenschleimhaut geschädigt werden. Mit dieser Position unterstützen wir das sensible Gleichgewicht im Magen. Am besten legen wir schon vor dem Essen die Hände in diese Position, damit die richtige Menge an Verdauungssäften gebildet werden kann. Im Bereich dieser Position liegt auch der obere Teil der Leber. Die Leber ist ein wichtiges Entgiftungsorgan. Um die vielen Umweltgifte zu neutralisieren, die wir mit dem Essen, mit Getränken und mit der Atemluft aufnehmen, muss sie sozusagen ständig Überstunden leisten. Daher ist die Leber bei vielen Erwachsenen leicht vergrößert – ein Phänomen, das man früher nur von Alkoholikern kannte. In der Leber laufen aber auch noch andere wichtige Prozesse ab, zum Beispiel die Speicherung von Vitamin K und das Recycling der roten Blutkörperchen. Auch die Milz und die Gallenblase liegen im Bereich der zweiten Vorderposition.

Auch für die *emotionale und die mentale Ebene* ist die zweite Vorderposition sehr wichtig. Viele Menschen schlucken täglich alle möglichen negativen Gefühle hinunter, und das führt zu Energie-Blockaden im Magen. Mit dieser Position lösen wir diese Blockaden auf, die auf Dauer zu einem nervösen Magen, zu Reizung der Magenschleimhaut oder gar zu Gastritis führen können. Stress ist ein Säurelocker, und indem wir mit Reiki Stress abbauen und uns in heiterer Gelassenheit üben, schonen wir unseren Magen. Ängste, Sorgen und Stress lösen sich auf. Unsere Gedanken werden klarer und »freundlicher«, wir sind zunehmend dankbar für das, was wir haben, statt nach dem zu schielen, was wir auch noch gern hätten. Außerdem können wir uns gedanklich leichter sammeln.

Auf der *spirituellen Ebene* decken wir mit dieser Position – wie übrigens auch mit der dritten Vorder- und Rückenposition – das Solarplexus-Zentrum oder Sonnengeflecht ab. Dieses Energiezentrum ist der Sitz unseres Selbstwertgefühls und unseres Selbstbewusstseins, wovon die meisten Menschen zu wenig haben. Das gilt vor allem für ältere Frauen. Ein mangelndes Selbstwertgefühl äußert sich in Kritiksucht sich selbst und anderen gegenüber. Wenn wir genügend Selbstbewusstsein haben, können wir andere in ihrer Andersartigkeit akzeptieren und wertschätzen. Wir fühlen uns nicht bedroht, wenn jemand eine andere Meinung hat als wir, sondern betrachten dies als Möglichkeit, unseren Horizont zu erweitern. Mit der zweiten und dritten Vorderposition entwickeln wir mehr innere Kraft und Stärke, die wir auf unserem weiteren spirituellen Weg dringend brauchen. Als »Belohnung« winken Frieden und eine Heiterkeit, die sich ohne äußeren Anlass einstellt.

Die dritte Vorderposition

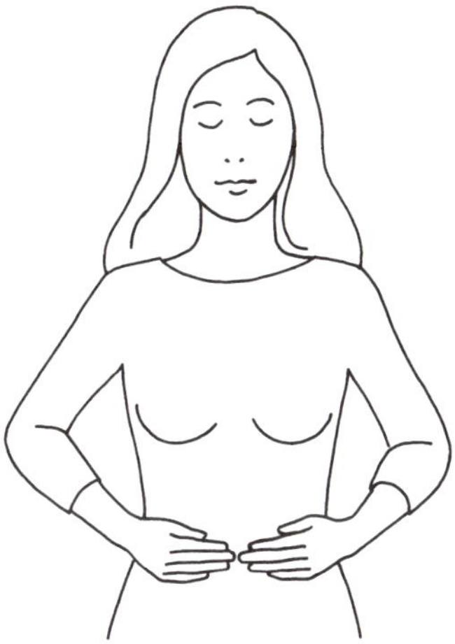

Mit der dritten Vorderposition decken wir auf der *körperlichen Ebene* den Dünndarm, den Querdarm, den unteren Teil der Leber und die Bauchspeicheldrüse ab. Diese Position ist wichtig für eine optimale Verdauung und kann zur Vorbeugung von Diabetes II eingesetzt werden. Im Dünndarm findet die Assimilation der Nahrung statt, im Dickdarm werden die Reste eingedickt. Die Bauchspeicheldrüse produziert Fett aufschließende Enzyme (Lipasen), reguliert über die Insulinausschüttung den Zuckerstoffwechsel und stellt Eiweiß spaltende Enyzme (Proteasen) her. Mit dieser Position unterstützen wir die Bauchspeicheldrüse in ihren wichtigen Aufgaben. Unsere Nahrung ist nach dem Kochen, Backen oder Braten oft enzymarm und enthält zu viel Zucker, sodass die Bauchspeicheldrüse häufig »Überstunden« machen muss und daher bei den meisten Erwachsenen vergrößert ist. Auch die Leber als Entgiftungsorgan braucht energetische Unterstützung, weil sie durch Umweltgifte und Zusatzstoffe in der Nahrung stark gefordert ist. Mit dieser Reiki-Position decken wir den unteren Teil der Leber ab.

Für die *emotionale und mentale Ebene* ist die Position ebenfalls wichtig, denn sie bewirkt, dass die Gefühle harmonischer werden. Wir werden nicht mehr so leicht hysterisch, erleben weniger Angst und Frustration und entwickeln stattdessen mehr Selbstbewusstsein und ein größeres Selbstwertgefühl. Die Tendenz, ständig an uns selbst und anderen herumzukritisieren, lässt ebenso nach wie unser Bedürfnis, uns selbst, andere oder Situationen zu kontrollieren oder zu manipulieren. Unsere Gedanken werden deutlich ruhiger und harmonischer.

Auf der *spirituellen Ebene* decken wir mit dieser Position den Solarplexus ab und laden unsere innere »Batterie« mit Lebensenergie auf. Wer diese Position oft praktiziert, lernt zu akzeptieren und geschehen zu lassen. Die innere Kraft und Stärke, die wir auf diese Weise immer mehr entwickeln, ist auch für unseren weiteren spirituellen Weg wichtig.

Wir erkennen mit der dritten Vorderposition immer mehr, dass wir nicht mehr kämpfen, sondern geschehen lassen können, und dass wahre Stärke heißt, Hingabe zu üben. Widerstand erzeugt Leiden. Indem wir Situationen und Personen akzeptieren, uns selbst eingeschlossen, wird Raum für Veränderung geschaffen. Druck erzeugt nur Gegendruck, was sich in Form von Angriff oder Flucht äußern kann. Mit dieser Position erfahren wir: Wir haben es nicht länger nötig, Negativität zu bekämpfen und damit Teil der Negativität zu werden.

Die vierte Vorderposition

Mit der vierten Vorderposition decken wir auf der *körperlichen Ebene* eine Reihe von Organen ab, nämlich die Verdauungsorgane Dickdarm, Harnleiter und Blase sowie die Geschlechtsorgane: bei Frauen Gebärmutter und Eierstöcke, bei Männern Keimdrüsen und Prostata. Demnach ist auch diese Position hilfreich für eine gute Verdauung und kann sowohl bei Verstopfung eingesetzt werden als auch bei ihrem »Gegenteil«, nervösem Durchfall. Sie fördert Entgiftungsprozesse und hat sich auch bei chronischen Darmentzündungen wie Morbus Crohn oder Colitis ulcerosa bewährt. Im Rahmen einer Ganzbehandlung hält man diese Position länger, denn oft hängen Beschwerden, wie zum Beispiel Migräne und Kopfschmerzen, mit einer mangelhaften Verdauungsleistung zusammen. Frauen, die unter Menstruationsbeschwerden leiden, sollten diese Position ein bis zwei Tage vor dem voraussichtlichen Einsetzen der Regel längere Zeit anwenden, denn auf diese Weise wird der Unterleib entkrampft. Bei Wechseljahrsbeschwerden hilft diese Position ebenso wie die vierte Rückenposition. Die »Fruchtbarkeit«

beider Geschlechter wird durch diese Position günstig beeinflusst.

Für die *emotionale und mentale Ebene* ist diese Position ebenfalls sehr wichtig. Wir decken damit sowohl das Wurzel- oder Basiszentrum ab als auch das Sakralchakra, das für Sinnlichkeit, Sexualität, Kreativität und Fortpflanzung steht. Wir fühlen uns stärker geerdet und kommen mit Verantwortung und allem Materiellen besser klar. Mit der Zeit verschwinden unsere Existenzängste ebenso wie die Blockaden auf der Gefühls- und Verstandesebene, die sich zum Beispiel in Verschlossenheit und Vorurteilen äußern. Wir kommen mehr in Fluss und werden Neuem gegenüber offener und toleranter. Das macht uns im positiven Sinne anpassungsfähiger. Durch Aktivierung des Sakralchakras kommen wir auch besser in Kontakt mit unseren sexuellen Bedürfnissen und können diese unserem Partner oder unserer Partnerin gegenüber besser zum Ausdruck bringen. Auf diese Weise fördern wir unsere sexuelle Gesundheit. Außerdem wird durch diese Position unsere Kreativität im weitesten Sinn angeregt. Das heißt, wir gehen schöpferischer mit all unseren Möglichkeiten um und haben immer mehr das Gefühl, unser Leben selbst zu bestimmen, statt »von außen« gelebt zu werden. Wir bekommen immer mehr und immer bessere Ideen und haben immer mehr Kraft, wenigstens einen Teil davon in die Tat umzusetzen. Dadurch wachsen unser Selbstbewusstsein und unser Selbstwertgefühl.

Auf der *spirituellen Ebene* erleben wir eine Bewusstseinserweiterung und werden offener für universale Sichtweisen, die über den Tellerrand unserer individuellen Interessen hinausgehen.

Die erste Rückenposition

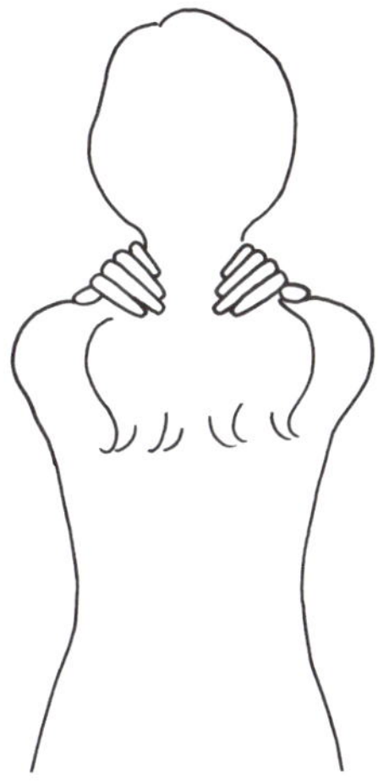

Mit der ersten Rückenposition können wir auf der *körperlichen Ebene* Nackenverspannungen lösen. Viele Menschen nehmen ständig eine sogenannte »Habtachthaltung« ein. Das heißt, sie tragen unbewusst das Kinn zu hoch und ziehen die Schultern leicht an. Diese Haltung drückt aus: »Es könnte etwas passieren.« Natürlich kann immer irgendetwas passieren, aber eins passiert mit Sicherheit, wenn diese Haltung zur Gewohnheit wird: Die Nackenmuskeln verspannen sich. Wenn dann noch stundenlanges Sitzen vor dem Computer, dem Fernseher oder im Auto in immer der gleichen Haltung hinzukommt, braucht man sich nicht zu wundern, dass die Nackenmuskulatur bei vielen vollkommen verspannt ist und so fest, dass sie den Kopf nicht mehr schmerzfrei weit nach links oder rechts drehen können. Solche Menschen sind meist auch geistig »starr« und unbeweglich, was sich zum Beispiel in Angst vor Neuem, Intoleranz oder Altersstarrsinn ausdrücken kann. Mit der ersten Rückenposition lockern wir die Nackenverspannungen allmählich und werden damit auch geistig beweglicher.

Auf der körperlichen Ebene decken wir mit dieser Position auch die Wirbelsäule ab, indem wir Lichtenergie die ganze Wirbelsäule hinunterschicken. Allen, die unter Rückenschmerzen leiden, kann ich diese Position wärmstens empfehlen. Wenn wir Beschwerden im Lendenwirbel- oder Kreuzbeinbereich haben, können wir die Hände natürlich auch direkt auf die betroffenen Stellen legen, und zwar mit den Handinnenflächen nach außen, denn das ist bequemer.

Die erste Rückenposition stärkt unser Nervensystem und beugt damit seinem Zusammenbruch vor. Die Wirbelsäule können wir uns wie einen Schaft vorstellen, durch den ein Starkstromkabel verläuft: das Rückenmark, von dem wiederum Nervenstränge abgehen, die sich dann immer stärker verzweigen und zu den Muskeln und Organen ziehen.

Die erste Rückenposition verbindet Herzchakra und Halschakra. Das heißt, wir haben immer mehr das Bedürfnis, die Liebe, die wir vom Herzchakra aus entwickeln, auch auszudrücken und in alles, was wir tun, einfließen zu lassen. Es gibt viele Möglichkeiten, unsere Liebe zum Ausdruck zu bringen: durch den Ton unserer Stimme, die Schwingung hinter den Worten und die Art, wie wir etwas tun, nämlich mit Herz.

Auf der *seelischen Ebene* hilft uns diese Position, Stress schneller loszulassen und uns leichter zu entspannen.

Auf der *mentalen Ebene* werden unsere Gedanken ruhiger und stabiler.

Auf der *spirituellen Ebene* werden wir empfänglicher für höhere Schwingungen, erleben mehr heitere Gelassenheit, werden geistig beweglicher und Neuem gegenüber offener. Dadurch bleiben wir geistig jung.

Die zweite und die vierte Rückenposition

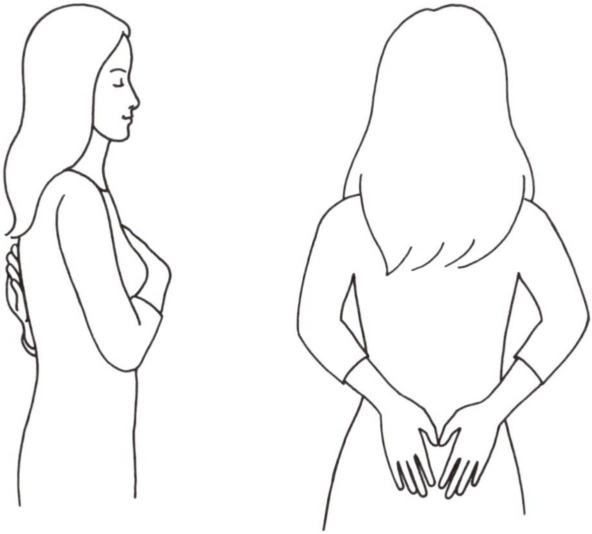

Die Wirkung dieser beiden Positionen ist identisch mit den Wirkungen der ersten und der vierten Vorderposition.

Die dritte Rückenposition

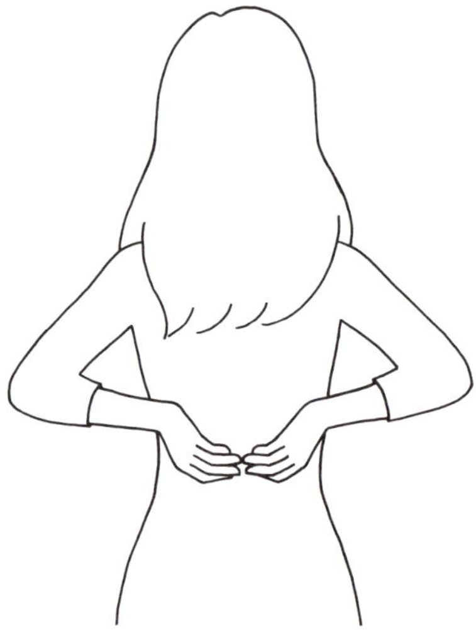

In der dritten Rückenposition liegen unsere Hände oberhalb der Taille auf dem Rücken. Wer das unbequem findet, kann die Hände auch so drehen, dass die Handinnenflächen nach außen zeigen. Damit decken wir auf der *körperlichen Ebene* die Nieren ab. Die Nieren sind lebenswichtige Organe. Sie sind zuständig für den Wasser- und Mineralstoffhaushalt des Körpers sowie für die Entgiftung beziehungsweise Reinigung des Blutes. Angesichts der Umweltgifte und Schadstoffe, die wir mit der Atemluft, dem Trinkwasser und diversen Lebensmitteln aufnehmen, können wir uns vorstellen, dass die Nieren unglaublich viel leisten müssen – und manchmal versagen sie auch. In Deutschland gibt es derzeit mehr als 35 000 Menschen, die auf eine Spenderniere warten, und noch viel mehr müssen mehrmals in der Woche zur Blutwäsche ins Krankenhaus. Indem wir viel stilles Wasser trinken – mindestens 1 1/2 bis 2 Liter täglich – und diese Position öfter und für längere Zeit durchführen, entlasten wir unsere Nieren und stärken sie für ihre wichtigen Aufgaben.

Auf den Nieren liegen wie kleine Hütchen die Nebennieren, die für die Ausschüttung der Stresshormone Adrenalin, Noradrenalin und Cortisol – auch »cortikoide Hormone« genannt – zuständig sind. Diese Stresshormone haben in der Evolutionsgeschichte eine wichtige Aufgabe erfüllt. In Stresssituationen sorgten sie dafür, dass unsere Vorfahren in Bruchteilen von Sekunden sämtliche körperlichen und geistigen Kräfte parat hatten und entweder zum Angriff übergehen, sich verteidigen oder flüchten konnten, vielleicht auf den nächsten Baum oder in die nächste Höhle. Durch diese körperliche Aktion wurde das Adrenalin abgebaut, und der Hormonspiegel war wieder ausgeglichen.

Im Gegensatz zu unseren Vorfahren leiden wir heute unter Dauerstress, unter Doppel- oder sogar Dreifachbelastung, Arbeitsstress oder dem Stress, keine (bezahlte und gesellschaftlich anerkannte) Arbeit zu haben. Selbst der Geräuschpegel einer Großstadt bedeutet Stress für unser Nervensystem, auch wenn wir ihn nicht mehr bewusst wahrnehmen. In ländlichen Gegenden kann soziale Kontrolle Stress erzeugen.

Das Fatale an unserer heutigen Situation ist aber vor allem, dass wir unserem Ärger in der Regel keine Luft machen können. Stellen wir uns einmal vor, wir sind im Büro und der Chef kritisiert uns – zu Unrecht, wie wir finden. Die natürliche Reaktion wäre, eine Waffe zu nehmen, vielleicht ein Lineal, und den Chef anzugreifen. Oder fluchtartig das Büro zu verlassen und dreimal um den Block zu laufen. Ein solches Verhalten wäre zwar gesund, würde aber dazu führen, dass wir unseren Job los sind. Wir bleiben also sitzen oder stehen und schlucken unseren Ärger (oder Frust) hinunter. Wenn im Laufe des Tages noch zwei, drei ähnliche Situationen hinzukommen, sind wir abends latent auf 180. Dann braucht nur noch eine Kleinigkeit dazuzukommen – das Kinderzimmer sieht chaotisch aus, der Abwasch ist nicht erledigt –, und schon fahren wir aus der Haut.

Mit der dritten Rückenposition sorgen wir dafür, dass unsere Nebennieren nicht übersensibel auf jeden klitzekleinen Stressfaktor reagieren. Außerdem bewirken wir mit dieser und auch mit allen anderen Positionen der Ganzbehandlung, dass sämtliche Stresshormone möglichst schnell wieder ausgeschieden werden. Heitere Gelassenheit und inneren Frieden können wir nämlich nur mit einem niedrigen Adrenalinspiegel erreichen. Wenn du also nicht weißt, wohin du deine Hände legen sollst, empfehle ich dir, sie entweder »aufs Herz« zu legen – wir alle brauchen mehr bedingungslose Liebe – oder in die dritte Rückenposition für mehr Stressabbau und heitere Gelassenheit.

Mit der Herzposition können wir jede Art von Negativität transformieren und kommen in Kontakt mit unserer wahren Natur. Gleichzeitig er-innern wir andere daran, wer sie wirklich sind – an ihre wahre, göttliche Natur. Wer mit der dritten Rückenposition authentisch Stress abbaut, wird zu einem Friedensstifter. Stell dir vor, es liegt Streit in der Luft, und du machst nicht mit! Von dieser Sorte Menschen braucht die Welt viel mehr. Die Welt wartet auf – dich.

Welche Position für welches Thema?

Körperliche Ebene	
Augen	1. und 3. KP
Aufwachprobleme	3. KP
Darm	3. VP und 4. VP sowie 3. und 4. RP
Drüsensystem	1. und 2. KP (Hirnanhangsdrüse = Meisterdrüse)
Durchfall	4. VP und 4. RP
Eierstöcke	4. VP und 4. RP
Einschlafprobleme	1. KP, 3. KP oder 3. VP
Entgiftung	4. VP und 4. RP
Galle	2. VP und 3. RP
Gebärmutter	4. VP und 4. RP
Gewichtsprobleme	3. KP (Gewichtszentrum)
Herzprobleme	1. VP und 2. RP
Immunsystem	1. VP (Thymusdrüse)
Kopfschmerzen	2. und 3. KP
Kreislaufprobleme	4. KP und 1. VP. (bei niedrigem Blutdruck: Leistenbeuge)
Leber	2. und 3. VP
Lunge	1. VP und 2. RP
Lymphe	4. KP und 1. VP
Magen	2. VP und 2. RP
Mandeln	4. KP

Körperliche Ebene (Fortsetzung)

Menstruationsbeschwerden	4. VP und 4. RP
Migräne	2. und 3. KP, 4. VP, 3. RP (Nebennieren)
Nacken	1. RP
Nebenhöhlenprobleme	1. KP
Prostata	4. VP und 4. RP
Schilddrüse:	4. KP (Über- und Unterfunktion)
Schmerzen	3. KP (Schmerzzentrum), 3. VP (Solarplexus)
Schnupfen	1. KP
Stoffwechsel	4. KP (Schilddrüse)
Stottern	3. KP (Sprachzentrum)
Thymusdrüse	1. VP und 2. RP
Verstopfung	4. VP und 4. RP
Wirbelsäule	1. RP
Zahnprobleme	1. KP, Kieferposition

Emotionale Ebene

Ängste	3. KP, 3. VP, 3. RP, 4. VP und 4. RP
Depressionen	2. und 3. KP sowie 1. VP
Eifersucht	4. KP, 1. VP und 2. RP
Entspannung	alle Positionen
Frustrationen	4. KP und 1. VP

Emotionale Ebene (Fortsetzung)	
Heitere Gelassenheit	2. und 3. KP sowie 1. VP
Kontrollverhalten	3. VP und 3. RP (Solarplexus)
Liebesfähigkeit	1. VP und 2. RP
Selbstachtung	3. VP und 3. RP
Selbstvertrauen	2. und 3. VP sowie 3. RP
Sorgen	3. KP, 1. VP und 2. RP
Stress	alle Positionen
Vertrauen	1. VP, 4. VP und 4. RP
Wut	4. KP, 4. VP und 4. RP

Mentale Ebene	
Durchdenken	1. und 2. KP sowie 2. VP
Flexibilität	4. VP und 4. RP
Gedankenruhe	1. bis 4. KP, 1. und 2. VP sowie 3. RP
Gedächtnis	2. KP und 1. VP
Harmonie	1. KP und 1. VP
Klarheit	1. KP, 3. KP und 2. VP
Konzentration	1. KP, 1. VP und 2. RP
Kreativität	1. KP, 3. KP, 1. VP und 2. RP
Negative Gedanken	1. bis 3. KP, 1. und 3. VP sowie 3. RP
Sammlung	1. KP, 1. und 2. VP, 3. RP
Tatkraft	2. und 3. KP
Verhaltensmuster	1. und 4. VP sowie 4. RP
Vorurteile	4. VP und 4. RP

Spirituell-geistige Ebene	
Bewusstseinsentwicklung	alle Positionen
Erleuchtung	alle Positionen
Freude	1. und 3. VP, 2. und 3. RP
Frieden, innerer	1. KP, 1. und 4. VP, 2. und 4. RP
Ganzheitliche Sichtweise:	1. und 3. KP sowie 1. VP
Glückseligkeit	1. und 3. VP, 2. und 3. RP
Heitere Gelassenheit	alle Positionen, besonders 3. KP, 1. und 3. VP, 3. RP
Kosmisches/ Einheitsbewusstsein	1. und 3. KP, 1. VP und 2. RP
Lebenskraft	4. KP, 4. VP und 4. RP
Liebe, bedingungslose	1. VP und 1. RP
Meditatives Bewusstsein	alle Positionen, besonders 1. KP
Mitgefühl (nicht Mitleid!)	1. VP und 2. RP
Offenheit	2. und 3. KP, 1. VP und 1. RP
Schöpferisches Tun	4. KP, 4. VP und 4. RP
Visionen	1. KP und 3. KP (Drittes Auge)
Weisheit,	alle Positionen, besonders Kontakt zum Höheren Selbst: 1. KP, 1. VP und 1. RP

KP = Kopfposition
RP = Rückenposition
VP = Vorderposition

Die Gruppenbehandlung

»Harmonie erfordert, dass jeder Teil seine besondere Funktion in Beziehung zum Ganzen erfüllt.«

J. C. Cooper

Eine Gruppenbehandlung ist ein sehr meditatives Erlebnis und eine wunderschöne Gelegenheit, die Reiki-Energie konzentriert zu genießen. Alle behandeln einander reihum. Dadurch wird die Energie nicht nur addiert, sondern potenziert. Das heißt: Wenn wir von drei Menschen gleichzeitig eine Gruppenbehandlung bekommen, entspricht das der Intensität von neun Einzelbehandlungen. Natürlich wird nicht jeder eine Stunde lang behandelt. Das ist nur bei sogenannten »Reiki-Marathons« der Fall, die über mindestens einen ganzen Tag gehen. Aber dennoch ist eine solche Gruppenbehandlung von vielleicht zwanzig Minuten wesentlich intensiver als eine einstündige Einzelbehandlung.

Manche sagen nach einer Gruppenbehandlung, dass sie Energie für eine ganze Woche getankt haben, und es sind Durchbrüche sowohl auf der körperlichen als auch auf der seelischen Ebene möglich. Daher empfehle ich all meinen Schülern, möglichst regelmäßig daran teilzunehmen. Fast alle meine Organisatoren – in Köln, Bremerhaven, Landeck/Tirol, Landshut und Berlin – organisieren Gruppenbehandlungen, und auch ich biete sie in Hamburg an. Auch neue Teilnehmer sind immer willkommen. Sie bekommen eine sogenannte Kurzeinstimmung und können sich dann nicht nur erfolgreich an der Gruppenbehandlung beteiligen, sondern auch mindestens eine Woche lang eigene Erfahrungen mit universaler Energie sammeln. Das überzeugt viele mehr als tausend Worte.

Zusatzpositionen und ihre Wirkungen

»Aber die Heilkunde bleibt Torso, minderwertiges Stückwerk, wenn sie die Seele nicht berücksichtigt.«

ALBERT EINSTEIN

Neben den zwölf Positionen für die Ganzbehandlung gibt es etliche Zusatzpositionen, die für besondere Situationen oder Krankheiten empfohlen werden. Man wendet sie in der Regel nicht allein an, sondern möglichst im Rahmen einer Ganzbehandlung. Mit der Ganzbehandlung decken wir alle möglichen Ursachen ab, egal, auf welcher Ebene. Im akuten Fall, wie zum Beispiel bei Nasenbluten oder Stress, legen wir unsere Hände direkt auf die entsprechenden Positionen, lassen aber möglichst noch andere folgen. Bei Unfällen halten wir beispielsweise unsere Hände über die verletzte Stelle, legen sie aber zur Beruhigung des Unfallopfers anschließend noch in die Zusatzposition zur Harmonisierung auf der seelischen Ebene (siehe Seite 90).

Zusatzposition Leistenbeuge

Diese Position hilft bei kalten Füßen und sehr niedrigem Blutdruck, indem sie nicht nur die Durchblutung der Beine anregt, sondern den Kreislauf insgesamt in Schwung bringt. Aufgrund meines sehr niedrigen Blutdrucks von 90 zu 60, im Sommer manchmal 90 zu 40, litt ich früher häufig unter Beschwerden wie Schwindel oder gar Synkopen (kleine Ohnmachten). Seit ich diese Position praktiziere, habe ich keine solchen Beschwerden mehr. Sie hilft auch bei Krampfadern, und zwar sowohl prophylaktisch als auch therapeutisch. Krampfadern sind nicht nur unschön, sondern auch gesundheitlich bedenklich, weil sich dadurch Thrombosen entwickeln können. Meine eineiige Zwillingsschwester hat sich bei jeder ihrer vier Schwangerschaften eine dicke Krampfader kreiert. Daher habe ich darauf geachtet, mir während meiner Schwangerschaften fast jeden Tag fünf bis zehn Minuten lang die Zusatzposition Leistenbeuge zu geben. Mit Erfolg! Meine Schwester, die den dritten Grad absolviert hat, hat es dann auch mit Reiki versucht, und ihre Krampfadern sind tatsächlich so weit zurückgegangen, dass sie nicht mehr operiert werden müssen. Wer also bereits Krampfadern hat, kann mit Reiki immer noch wesentliche Verbesserungen erzielen.

Durchblutungsstörungen der Beine werden oft als »Raucherbeine« bezeichnet, weil überdurchschnittlich viele Raucher davon betroffen sind, aber sie können auch bei Nichtrauchern auftreten. Von der gefürchteten Schaufensterkrankheit (Claudicatio intermittens) Betroffene können immer nur ein paar Schritte schmerzfrei gehen. Wenn sie in einer Einkaufsstraße unterwegs sind, fällt das nicht so auf, weil man denken könnte, sie betrachten die Auslagen in den Schaufenstern. Diabetiker leiden oft unter Durchblutungsstörungen der Beine verbunden mit einer Angiopathie. Das heißt, dass sie Schmerzen oft nicht mehr wahrnehmen und Druckstellen oder Verletzungen oft gar nicht oder erst viel zu spät bemerken. Mit der Zusatzposition Leistenbeuge können wir uns selbst und anderen bei solchen Beschwerden helfen.

Zusatzposition zur Harmonisierung auf der seelischen Ebene

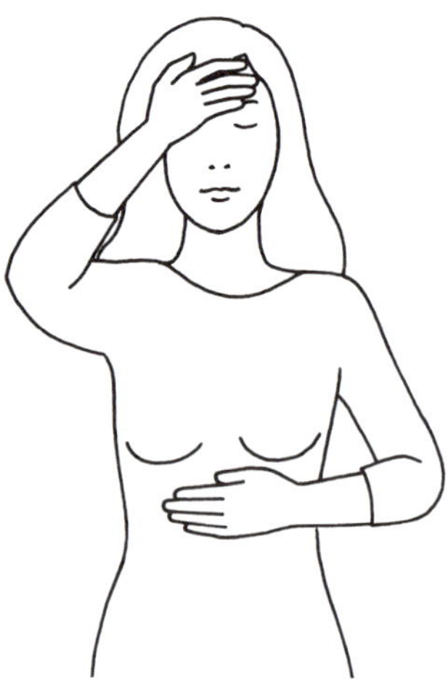

Bei dieser Position legt man eine Hand auf das Dritte Auge und die andere auf den Solarplexus oberhalb des Nabels. Diese Position ist hilfreich bei Stress, Nervosität, Ängsten, Schock und Depressionen. Sie zentriert, beruhigt und hellt die Stimmung auf. Ich empfehle sie auch zur Nachbehandlung und seelischen Harmonisierung von Unfallopfern. Diese Position kann man selbstverständlich auch prophylaktisch einsetzen, wenn man zum Beispiel zu Stimmungsschwankungen neigt, und natürlich wirkt sie auch bei Kindern und Tieren. Kinder und Tiere verarbeiten nicht nur den Stress, den sie selbst verursachen, sondern auch den aus ihrer Umgebung, und besonders intensiv verarbeiten sie den Stress ihrer engsten Bezugspersonen.

Zusatzposition zur Energieerneuerung

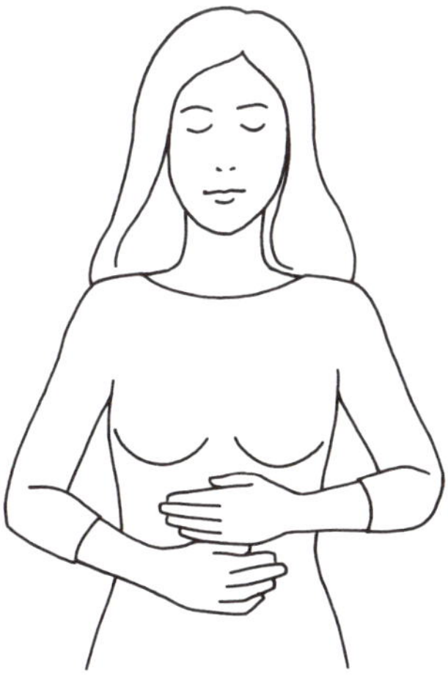

Bei dieser Position legen wir eine Hand oberhalb, die andere unterhalb des Nabels auf den Bauch und decken damit den Solarplexus ab, unsere »innere Batterie«. Wenn wir auf den äußeren Ebenen sehr aktiv waren, kann es sein, dass wir uns irgendwann völlig erschöpft fühlen, weil unsere »Batterie« leer ist. Es braucht mindestens fünf bis zehn Minuten, bis sie mithilfe dieser Position wieder aufgeladen ist, aber es funktioniert. Viele Menschen trinken Kaffee oder Cola, wenn sie erschöpft sind, doch das ist auf die Dauer ungesund. Wir »dopen« uns und täuschen uns so lange über unseren wirklichen Zustand hinweg, bis irgendwann gar nichts mehr geht und wir unter Burnout-Syndrom oder totaler Erschöpfung leiden, oft verbunden mit Angstgefühlen oder Depressionen.

Auch Menschen mit Essstörungen profitieren von dieser Zusatzposition. Oft ist nämlich gar nicht der Magen leer, sondern der Solarplexus, und wir verwechseln die Ebenen. Gegen Energiemangel auf der Ebene der Chakren hilft weder Schokolade noch Salzgebäck. Wenn du also plötzlich Appetit auf Salziges oder Süßes bekommst, obwohl du erst vor einer Stunde Mittag gegessen hast, probierst du es vielleicht erst mal mit dieser Position. Ist das Defizit ein energetisches, hilft sie dir, es auszugleichen. Wenn nicht, kannst du ja immer noch was essen.

Zusatzposition Selbstwertgefühl

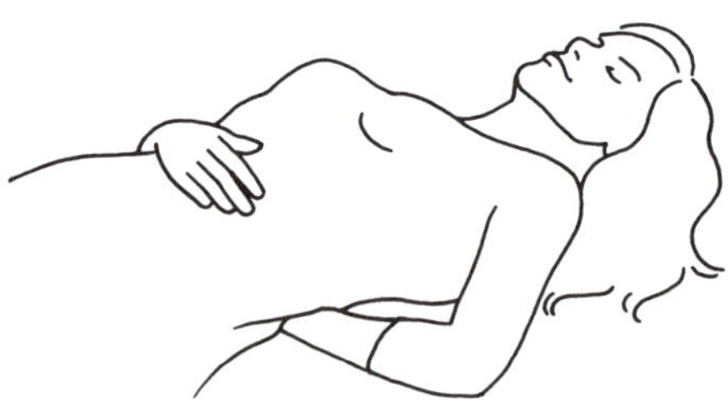

Eine Hand liegt von vorn, die andere umgedreht von hinten auf dem Solarplexus-Zentrum oberhalb des Nabels. Dieses Zentrum ist auch der Sitz unseres Selbstwertgefühls und unseres Selbstbewusstseins. Aufgrund ihrer Erziehung – in der Regel mehr Kritik als Lob – haben die allermeisten Menschen zu wenig Selbstbewusstsein. Frauen haben in der Regel noch größere Defizite als Männer, und je älter sie sind, desto gravierender machen sich diese bemerkbar. Menschen mit einem mangelhaft ausgeprägten Selbstwertgefühl leiden meist unter Kritiksucht. Dagegen hilft das »Solarplexus-Sandwich«, denn es schenkt uns immer mehr von jener inneren Kraft, die wir auch auf unserem weiteren spirituellen Weg benötigen.

Zusatzposition Kommunikation

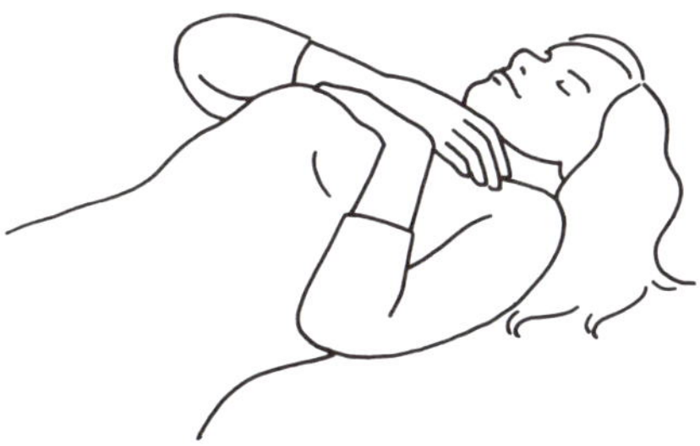

Die eine Hand liegt auf die Mitte der Brust, also auf dem Herzchakra, die andere am Halschakra. Mit dieser Position verbinden wir diese beiden Energiezentren und haben immer mehr das Bedürfnis, die bedingungslose Liebe, die wir vom Herzchakra aus entwickeln, nach außen zu bringen. Das heißt: Alles, was wir tun, tun wir mit Liebe, und diese hohe Schwingung bringen wir auch in unserer Stimme zum Ausdruck. Unsere Kommunikation wird authentischer und gleichzeitig liebevoller. Erst wenn wir unserem Gegenüber mit Worten und der Schwingung hinter diesen Worten signalisieren, dass wir ihn oder sie grundsätzlich wertschätzen und akzeptieren, kann eventuell berechtigte Kritik angenommen werden. Es ist ganz einfach: Diese Position hilft uns, andere so zu behandeln, wie wir gern behandelt werden möchten. Beim Telefonieren, einer verstümmelten Form der Kommunikation, ist es wichtig, eine Hand entweder auf die Herz- oder die Halsposition zu legen. Eine gute Idee ist auch, einen Handspiegel neben das Telefon zu stellen und den eigenen Gesichtsausdruck zu kontrollieren, während man spricht. Beim Telefonieren sollten wir grundsätzlich lächeln. Das sieht der andere vielleicht nicht, aber er spürt es.

Zusatzposition »liebevolle Power«

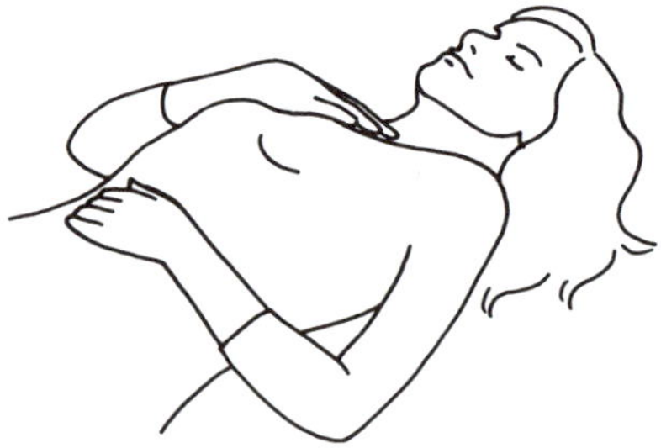

In dieser Position liegt eine Hand auf dem Herzchakra, die andere auf dem Solarplexus. Napoleon, der Machtmensch, wurde oft mit einer Hand auf dem Solarplexus dargestellt. Bei den Heiligen, die man in katholischen Kirchen findet, liegt meist mindestens eine Hand auf dem Herzchakra. In dieser Zusatzposition werden die beiden Energiezentren verbunden. Macht und Power (Solarplexus) sind gut, aber noch viel besser sind sie in Verbindung mit der Kraft der bedingungslosen Liebe, die wir vom Herzchakra aus entwickeln, denn durch die Kraft der bedingungslosen Liebe wird die Power »gezähmt«. Dies ist meine Lieblingsposition bei Vorträgen und Seminaren. Ich bleibe zentriert und in der Schwingung der Liebe, auch wenn jemand mich kritisiert.

Zusatzposition Ohren

Wir legen beide Hände auf die Ohren, wobei wir entweder den Zeigefinger oder den Mittelfinger wie einen Laserstrahl auf den Gehörgang richten. Es geht allerdings nicht darum, mit dem Finger das Trommelfell zu berühren! Diese Position können wir bei allen Ohrproblemen anwenden, so auch bei Tinnitus. Bisher hatte ich vier Tinnitus-Patienten. Bei dreien ist der Tinnitus völlig verschwunden, bei einem ist er schwächer geworden und tritt nur noch selten auf. Das ist ein sehr gutes Ergebnis im Vergleich zu den Erfolgen der Schulmedizin, die Tinnitus neuerdings mit Psychotherapie behandelt, weil sie die starke seelische Komponente bei diesem Krankheitsgeschehen erkannt hat. Nach meinen Erfahrungen sind Tinnitus-Patienten Menschen, die sich selbst und andere stark unter Druck setzen. Einer meiner Patienten ist ein Handelsvertreter, der ursprünglich 60 Stunden pro Woche arbeitete und sich neben seiner Ehe noch ein Verhältnis kreiert hatte. Mittlerweile hat er sein Arbeitspensum auf 45 Stunden reduziert und sein Verhältnis beendet. Mit Reiki wurde ihm klar, dass sein Lebenswandel seine Krankheit verursacht hatte und er andere Prioritäten setzen musste.

Diese Zusatzposition hilft auch bei Mittelohrentzündungen, einem Problem, von dem hauptsächlich Kinder unter zehn Jahren betroffen sind. Meist tritt sie zwischen 19.00 und 20.00 Uhr abends auf, wenn die Praxis des vielleicht alternativ orientierten Kinderarztes längst geschlossen ist. Der Notarzt, den man dann anrufen kann, behandelt meist mit Antibiotika und denkt selten daran, die dadurch geschädigte Darmflora wieder aufzubauen, zum Beispiel mit Symbioflor, sodass die Kinder aufgrund der gestörten Darmflora wochenlang unter Blähungen zu leiden haben. Bei meiner Tochter, die eine Zeit lang viel mit Mittelohrentzündungen zu tun hatte, hat sich eine konzentrierte Aktion bewährt: Ich mache Kamillenblüten ohne Fett in einem Topf heiß, gebe sie in ein Stofftuch, zum Beispiel ein Geschirrhandtuch, das ich mit einem Gummiband abbinde, und lege den »Knödel« so heiß wie möglich auf das betroffene Ohr. Dann fixiere ich das Ganze mit einem Stirnband und lege beide Hände übereinander darauf. Auf diese Weise haben wir den Besuch des Notarztes noch immer abwenden können. Ich habe nichts gegen Notärzte, im Gegenteil, ich bewundere ihre Einsatzbereitschaft, selbst um Mitternacht. Und doch ist es schön, dass man Krankheiten mit Reiki und anderen alternativen Heilmethoden auch auf natürliche Weise in den Griff bekommen kann.

Wenn Kleinkinder und Babys beim Landen oder Starten eines Flugzeugs schreien, sollte man ihnen die Brust oder die Flasche geben. Durch das Saugen wird das Druckgefälle ausgeglichen und die Ohren tun nicht mehr weh. Außerdem hilft die Zusatzposition Ohren.

Zusatzposition Nasenbluten

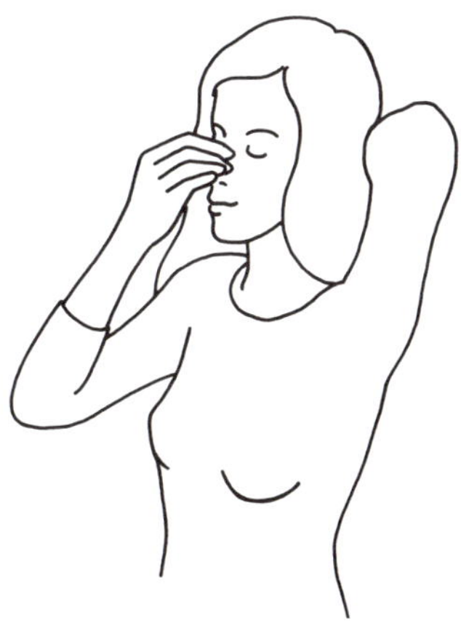

Nasenbluten ist etwas, worunter Kinder öfter leiden. Daher sollten sich alle, die mit Kindern zu tun haben, diese Zusatzposition merken: Eine Hand liegt locker auf dem Nasenrücken, die andere auf dem Hinterkopf, wo man sonst vielleicht einen kalten Waschlappen hinlegen würde. Am besten sitzt der Patient oder er liegt und hat ein dickes Kissen unter dem Kopf. Dann besteht nicht die Gefahr, dass er sich an der blutigen Flüssigkeit verschluckt, was zu Brechreiz führen kann. Oft hört das Nasenbluten nach einer, spätestens zwei Minuten auf, selbst wenn es vorher richtig getropft hat. Kinder, die Reiki gelernt haben, freuen sich, wenn sie anderen Kindern mit Nasenbluten helfen können, zum Beispiel im Kindergarten oder in der Schulpause. Meine Tochter hat sich in der Grundschule einen Ruf als kleine Wunderheilerin erworben. Wenn ein Kind Tabletten nahm oder eine Salbe benutzte und sie das mitbekam, fragte sie oft: »Hast du keine Kraft in den Händen?«

Zusatzposition Zähne/Kiefer

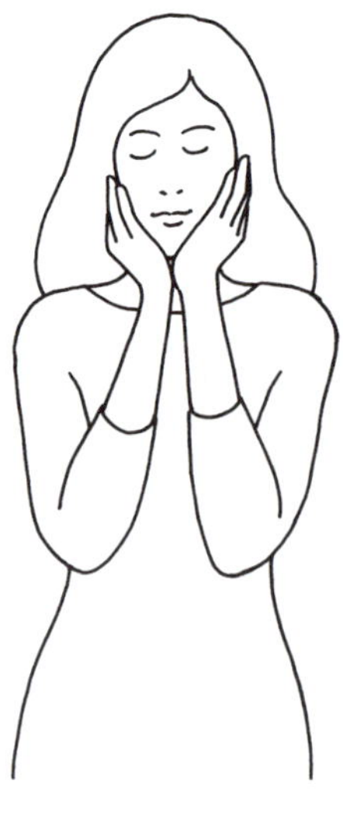

Wenn wir Zahnschmerzen haben, sollten wir unbedingt einen Zahnarzt aufsuchen, denn dahinter kann eine Wurzelentzündung stecken. Wenn wir jedoch prophylaktisch arbeiten wollen, sollten wir auf Reiki setzen, zum Beispiel auf diese Zusatzposition. Wir legen die Hände auf die Kiefer. Damit stärken wir das Zahnfleisch und den Zahnschmelz, und das bedeutet Parodontose- und Kariesprophylaxe. Karies ist für die meisten Erwachsenen kein Problem mehr, Parodontose sehr wohl. Was nützen einem die gesündesten Zähne, wenn sie irgendwann ausfallen, weil sich das Zahnfleisch zurückentwickelt oder gar entzündet hat? Viele ältere Menschen mit Parodontose geben sich abends beim Fernsehen diese Behandlung und sind mit dem Ergebnis sehr zufrieden. Bei einer mir bekannten Frau sprach der Zahnarzt schon von dritten Zähnen. Doch nachdem sie sich etwa vier Monate lang selbst mit Reiki behandelt hatte und dann wieder beim Zahnarzt vorsprach, sagte dieser: »Ich weiß nicht, was Sie in der Zwischenzeit gemacht haben, aber das Thema ist erst mal vom Tisch.«

Entscheidungshilfe mit Reiki

»Wenn du dich etwas gegenüber widersetzt, bleibt es bestehen.«

NEALE DONALD WALSCH, »FREUNDSCHAFT MIT GOTT«

Wir leben in einer polaren Welt und haben es daher ständig mit Gegensätzen zu tun: negativ-positiv, Yin-Yang, Liebe-Hass, schön-hässlich, kalt-heiß und so weiter. Polare Energien sind immer bruchstückhaft und partiell, nie ganzheitlich. Mit Reiki haben wir jedoch eine Energie, die universal, ganzheitlich und nicht-polar ist – eine Energie, mit deren

Hilfe wir die innere Verbindung hinter den scheinbaren Gegensätzen erkunden können.

Die folgende Übung können wir immer dann machen, wenn es um eine Entscheidung geht, um das Abwägen von Alternativen oder um die Auseinandersetzung mit Themen, bei denen Zuneigung oder Abneigung eine Rolle spielen. Wenn wir den zweiten Grad des authentischen Reiki schon haben, können wir während dieser Übung Energie auf das entsprechende Thema richten. Haben wir bereits den dritten Grad, können wir uns selbst oder dem Thema zu Beginn der Übung eine Einstimmung geben und die Energie dann während der Übung entsprechend ausrichten.

Die Übung dauert etwa 20 Minuten. In dieser Zeit sollten wir ungestört sein. Wir setzen oder legen uns entspannt hin, schließen die Augen und legen die Hände in die erste Vorderposition. Wenn wir merken, dass wir sehr unruhig sind, legen wir die Hände zunächst so lange auf die dritte Kopfposition, bis sich unsere Gedanken und Gefühle beruhigt haben.

Unter der linken Hand stellen wir uns eine Farbe vor, die wir überhaupt nicht mögen, vielleicht Olivgrün oder Schwarz. Unter der rechten Hand visualisieren wir eine Farbe, die wir sehr mögen, vielleicht ein leuchtendes Blau oder Sonnengelb. Jetzt wandern wir von der rechten Hand zur linken und langsam wieder zurück, immer hin und her. Dabei beobachten wir, ob sich die Farben oder unsere Einstellung zu ihnen ändern. Dann wandern wir immer schneller von einer Hand zur anderen und beobachten weiter, was sich verändert und was bleibt. Dabei bewerten wir nicht, sondern beobachten nur.

Statt mit Farben, die wir lieben oder hassen, können wir auch mit anderen Polaritäten experimentieren. Zum Beispiel können wir uns unter der einen Hand unseren liebsten Freund vorstellen und unter der anderen den Menschen, den wir am wenigsten mögen.

Vielleicht wollen wir umziehen und haben zwei Wohnungen in Aussicht. Dann können wir uns auf der einen Seite die eine und auf der anderen die andere Wohnung vorstellen. Andere Polaritäten, mit denen wir arbeiten können, sind zum Beispiel: »Eigenschaften, die ich an mir mag.« Und: »Eigenschaften, die ich nicht an mir mag.« Oder: »Was ich gern tun möchte.« Und: »Was mich daran hindert.«

Oder wir stellen uns unter der einen Hand eine stressvolle Situation vor, die wir vielleicht gerade erleben oder in den letzten 24 Stunden erlebt haben, und gehen tief in das Gefühl von Anspannung und Druck hinein, ohne die Situation selbst zu beurteilen. Dann stellen wir uns unter der anderen Hand eine wundervolle Situation vor, in der wir uns einmal befunden haben und in der wir ganz lebendig und glücklich waren. Wann wir diese Situation erlebt haben, spielt keine Rolle. Wir begeben uns einfach ganz tief in das Gefühl von Glück und Freude und wechseln dann wieder zu der Hand mit der stressigen Situation.

Was hat sich verändert? Wir bleiben einige Momente dabei, bevor wir unsere Aufmerksamkeit wieder der Hand zuwenden, in der wir das glückliche Erlebnis halten. Auf diese Weise wandert unsere Aufmerksamkeit einige Male von einer Hand zur anderen. Dann lassen wir die Aufmerksamkeit los und spüren nur die universale Energie, die sich zwischen den Händen und im Herzzentrum aufbaut.

Wer will, schreibt seine Beobachtungen in ein »Licht-Tagebuch«. Ein solches Tagebuch zu führen empfehle ich jedem, der mit Reiki experimentiert. Man schreibt seine Erfahrungen hinein, ohne sie zu bewerten oder mit anderen zu vergleichen. Damit schult man den neutralen inneren Beobachter, eine wichtige Instanz, wenn es darum geht, in das Bewusstsein der heiteren Gelassenheit hineinzuwachsen und sich aus der Identifizierung mit dem Verstand zu lösen.

Mit Reiki behandeln – die rechtliche Situation

»Wer heilt, hat Recht.«

ALTER MEDIZINISCHER GRUNDSATZ

Heiler und Reiki-Behandler lebten lange Zeit in Angst vor Staatsanwälten, Abmahnvereinen und Gesundheitsämtern. Früher war es nämlich ausschließlich Ärzten oder Heilpraktikern vorbehalten, einem Patienten die Hände aufzulegen und ihn so zu behandeln beziehungsweise zu heilen. Mit einer Entscheidung vom 2. März 2004 hat das Bundesverfassungsgericht eine andere Rechtsauffassung durchgesetzt (vgl.www.bverfg.de/entscheidungen/rk20040302_1bvr0784 03.html). Ein Reiki-Praktizierender aus Schleswig-Holstein hatte mithilfe des Dachverbands geistiges Heilen (DGH) einen Musterprozess geführt. Das Bundesverfassungsgericht bestätigte in dem oben genannten Urteil, dass die Freiheit der Berufswahl ein hohes Gut darstellt und dass ein Reiki-Behandler nicht dadurch zum besseren Heiler wird, dass er eine Heilpraktikerausbildung absolviert und die Heilpraktikerprüfung bestanden hat. Auch könne er im weißen Kittel des Heilpraktikers erst recht den Eindruck erwecken, er sei eine ähnliche Autorität wie ein Arzt. Die in den Prozess einbezogenen Heilpraktikerverbände hatten diesen Aspekt zu bedenken gegeben.

Ich selbst habe aufgrund der früheren Rechtslage eine Heilpraktiker-Ausbildung an der sehr fundierten und erfolgreichen *Berliner Schule für Heilkunde* (Ausbilder: Jürgen Maier und Abath Kühn; Tel. 030-6 94 36 24) absolviert. Die Ausbildung ist prüfungsorientiert als Crashkurs konzipiert und umfasst vier Tage pro Monat Intensivunterricht plus Vor- und Nachbereitung. Die Prüfung habe ich mir damals erspart, weil mittlerweile das Urteil des Bundesverfassungsgerichts ergangen war. Als Reiki-Behandler oder Reiki-Lehrer, aber auch als potenzieller Patient finde ich es sehr wichtig, über körperliche Funktionen sowie über Krankheiten und ihre Behandlung Bescheid zu wissen. Daher kann ich diese kompakte Ausbildung jedem empfehlen, ob er seinen Lebensunterhalt nun als Reiki-Behandler verdienen möchte oder nicht.

Es gibt auch noch nach dem Urteil des Bundesverfassungsgerichts Auflagen für Reiki-Behandler, die aber überschaubar und einfach zu erfüllen sind. Reiki-Behandler und andere Heiler, die durch Handauflegen die Selbstheilungskräfte ihrer Klienten aktivieren, unterscheiden sich grundsätzlich vom Erscheinungsbild eines Arztes oder Heilpraktikers. Daher findet das Heilpraktikergesetz hier keine Anwendung. Erlaubt ist ihnen die gezielte Krankheitsbehandlung unter der Voraussetzung, dass sie keine Diagnose stellen. Der Heiler kann zu Hause arbeiten. Das Stellen von Diagnosen und das Verordnen irgendwelcher Heilmittel wie Bachblüten oder homöopathische Mittel sind dem Reiki-Behandler untersagt. Werbung mit Krankengeschichten zu machen, ist ebenfalls verboten.

Der Heiler muss dafür Sorge tragen, dass der Klient ihn nicht für einen Arzt hält und dass geistiges Heilen nicht mit ärztlicher Heilkunde verwechselt wird. Aus diesem Grund verlangt das Bundesverfassungsgericht, dass der Heiler seine Klienten entsprechend aufklärt. Dabei hat er die Wahl: Entweder händigt er dem Klienten vor (!) Beginn der Behandlung ein entsprechendes Merkblatt aus oder er hängt ein Informationsblatt mit dem entsprechenden Hinweis gut sichtbar (!) in seinem Behandlungsraum auf. Der Hinweis kann etwa so formuliert sein:

HINWEIS: Eine Reiki-Behandlung ersetzt keinen Arztbesuch! Gehen Sie bei Gesundheitsproblemen zur Abklärung bitte immer erst zum Arzt oder Heilpraktiker. Das dient Ihrem Wohl und Ihrer Gesundheit. Danke! Ihr(e) … (Name).

Auf dem Merkblatt steht derselbe Text mit dem Zusatz: »Mit meiner Unterschrift bestätige ich den Erhalt dieses Hinweises vor Beginn der Behandlung. Ort: …… Datum: ……. Unterschrift des Klienten: …… (bei Minderjährigen Unterschrift der Eltern).« Eine Kopie händigt man dem Klienten aus.

Zwei Wochen nach Bekanntgabe des Urteils klingelten zwei Damen vom Gesundheitsamt bei mir, um sich davon zu überzeugen, dass ich das Urteil kannte und danach handelte. Sie waren ganz begeistert, als sie sahen, dass ich schon einen Aushang mit obigem Text angebracht hatte, und hatten nichts zu beanstanden.

Für mich hat sich nicht viel geändert. Wenn Klienten mit Beschwerden zuerst zu mir gekommen wären, hätte ich sie auch vor Bekanntgabe dieses Urteils zum Arzt oder Heilpraktiker geschickt, um eine Diagnose erstellen zu lassen. Aber solche Klienten haben ohnehin nie den Weg zu mir gefunden. Bei denjenigen, die zu mir kommen, handelt es sich durchweg um Menschen, die von der Schulmedizin austherapiert sind, die verschriebene Medikamente nicht vertragen oder die ein Heilpraktiker schickt, weil er keinen Therapieerfolg hatte. Diagnosen stelle ich grundsätzlich nicht, aber wenn ich etwas spüre, wie etwa Schwere, Kribbeln, Kühle oder Wärme, lasse ich die Hände dort länger liegen, denn das ist immer ein Zeichen dafür, dass an diesen Stellen – egal, aus welchem Grund – besonders viel Energie »verlangt« wird. Das Problem muss überhaupt nicht auf der körperlichen Ebene liegen, sondern kann ein – momentaner – Energiemangel oder ein Energieungleichgewicht auf der Ebene der Chakren sein.

Nach dem Urteil des Bundesverfassungsgerichts hat nun jeder die Möglichkeit, schon vom ersten Grad an Geld mit Reiki-Behandlungen zu verdienen. Natürlich muss man diese Tätigkeit als Gewerbe anmelden und Steuern bezahlen. Gewerbesteuern fallen allerdings erst an, wenn ein bestimmter Gewinn erzielt wird. Einkommensteuer muss von Anfang an gezahlt werden, wenn es sich um eine Nebentätigkeit handelt. Ansonsten gibt es auch hier Freibeträge. Viele, die Seminare für den zweiten und dritten Grad bei mir machen, haben sich die Teilnahmegebühren durch Reiki-Behandlungen verdient.

Die Preise für eine Reiki-Behandlung sind sehr unterschiedlich. Sie richten sich danach, ob man im Norden oder Süden Deutschlands wohnt, in einer Großstadt, einer Kleinstadt oder auf dem Land. In den Städten sind Behandlungen teurer, und es gibt ein Nord-Süd-Gefälle. Was aber noch wichtiger ist: Man bekommt so viel für eine Reiki-Behandlung (die mit Vor- und Nachgespräch locker eineinhalb Stunden dauert), wie einem seine eigene Zeit wert ist. Oder anders ausgedrückt: Man bekommt so viel, wie man sich selbst wert ist. Daher gibt es Menschen, die nur 20 oder 30 Euro für eine Behandlung bekommen, während andere locker 60 oder 70 Euro kassieren – abhängig vom jeweiligen Selbstwertgefühl. Was wir ausstrahlen, wird reflektiert. Wie innen, so außen. Weil unser Selbstwertgefühl in dem Maße wächst, in dem wir Reiki praktizieren, wächst mit der Zeit auch das Einkommen, das wir mit Reiki-Behandlungen erzielen können. Ich habe auch schon etliche Reiki-Behandlungen gegeben, für die ich kein Geld, sondern Naturalien oder Dienstleistungen bekommen habe. Auf einen Energieausgleich lege ich aber wert, denn auch wenn ich von einer Reiki-Behandlung selbst energetisch profitiere, ist es meine Zeit, die ich zur Verfügung stelle. Und auch wenn ich dank Reiki weniger Schlaf brauche, hat mein Tag nicht mehr als 24 Stunden.

Entwicklungsprozesse, Anwendungsmöglichkeiten und Erfahrungen mit Reiki

»Der Unterschied zwischen Transformation durch Zufall und Transformation durch ein System ist wie der Unterschied zwischen einem Blitz und einer Lampe. Beide geben Licht, aber eines ist gefährlich und unzuverlässig, während das andere sicher ist, in eine bestimmte Richtung weist und verfügbar ist.«

MARILYN FERGUSON IN »DIE SANFTE VERSCHWÖRUNG«

Wer eine Weile Erfahrungen mit dem ersten Grad gesammelt hat (ich empfehle, mindestens drei Monate mit den Möglichkeiten des ersten Grades zu praktizieren), kann sich zum zweiten Grad anmelden. Der zweite Grad umfasst mindestens elf Unterrichtsstunden und beinhaltet eine sehr kraftvolle Einstimmung, die unsere Kapazität, mit universaler Energie zu arbeiten, mindestens verdoppelt, und zwar dauerhaft. Unter anderem werden wir auf den Gebrauch von drei kosmischen Symbolen eingestimmt, auf denen das gesamte System des authentischen Reiki basiert. Kosmische Symbole sind »die Grundlagen des Menschseins«, wie es der berühmte Seelenforscher Carl Gustav Jung ausdrückt. Sie bringen uns in Kontakt mit der allerhöchsten Bewusstseinsstufe. Ein Leben reicht nicht aus, um die Bedeutungstiefe und -vielfalt auch nur eins dieser kosmischen Symbole befriedigend auszuschöpfen. Im zweiten Grad lernen wir eine sehr effektive Technik, Lichtenergie jenseits von Zeit und Raum auszurichten, die salopp als »Fernbehandlung« bezeichnet wird.

Der zweite Grad aktiviert und harmonisiert unser gesamtes Chakrensystem, besonders aber das zweite Chakra oder Sakralchakra. Dieses Energiezentrum steht für Kreativität, Fortpflanzung, Sexualität und Sinnlichkeit. »Kreativität« bedeutet in diesem Zusammenhang viel mehr als künstlerische Betätigung beziehungsweise geht weit darüber hinaus: Wir werden schöpferischer in Bezug auf all unsere Möglichkeiten und Talente und nehmen unser Leben selbst in die Hand. »Fortpflanzung« heißt viel mehr als Nachkommenzeugen und Kinderkriegen. Wir zeugen und bekommen sozusagen ständig Kinder, nämlich immer dann, wenn wir aus unseren Ideen Projekte werden lassen. Damit wächst unser Selbstbewusstsein und unser Selbstvertrauen, und wir trauen uns immer mehr und immer anspruchsvollere Projekte zu. Mit dem zweiten Grad entwickeln wir ein Bewusstsein für unsere Unbesiegbarkeit und unser grenzenloses Potenzial.

Im zweiten Grad lernen die Teilnehmer, die Direktbehandlung für sich und andere durch den Einsatz kosmischer Symbole wesentlich zu intensivieren und beispielsweise tief verwurzelte seelische Probleme bei sich selbst und anderen wirksam zu transformieren. Zu diesen Problemen gehören Süchte, Abhängigkeiten jeder Art, Depressionen, Ängste und Phobien. Durch die Fernbehandlung können wir Menschen, Tiere und Pflanzen, die körperlich gar nicht anwesend sind, in den Genuss einer Ganzbehandlung kommen lassen. Entfernungen spielen dabei überhaupt keine Rolle. Mit der Fernbehandlung können wir sogar energetisch Ereignisse aus der Vergangenheit aufarbeiten und Energie in die Zukunft schicken, und zwar sowohl für uns selbst als auch für andere.

Wer Zweifel daran hat, sei an Albert Einstein erinnert, der einmal sagte: »Die Unterscheidung zwischen Gegenwart, Vergangenheit und Zukunft ist eine Illusion, wie hartnäckig auch an ihr festgehalten wird.« In der Findhorn-Gemeinschaft in Schottland, wo ich Reiki kennen- und liebengelernt habe, sagt man: »Es ist nie zu spät, eine glückliche Kindheit zu haben.« Nicht die Ereignisse sind das Entscheidende, sondern wie wir sie gefühlsmäßig interpretieren, ob als Trauma, als Bagatelle oder als willkommene Lernerfahrung. Die Energie, die vielleicht noch an Ereignisse aus unserer Vergangenheit gebunden ist, lösen wir mit der Technik der Fernbehandlung auf. Und das ist das Wesentliche.

Kosmische, universale Symbole sind ganzheitlich wirkende Frequenzen der inneren Ebenen, die auch auf den äußeren Ebenen wirken, nämlich auf der mentalen, der körperlichen und der emotionalen Ebene. Sie aktivieren ausschließlich ganzheitliche, universale Lichtenergie. Kosmische Symbole deuten immer auf etwas Rätselhaftes, Mystisches hin. Es ist, als machten wir eine Tür auf, hinter der sich fünf neue Türen befinden, und hinter jeder dieser Türen befinden sich wieder fünf neue Türen und so weiter. Universale Symbole, die in allen Hochkulturen bekannt waren, bringen uns immer in Kontakt mit höheren Bewusstseinsebenen. Sie aktivieren ausschließlich Lichtenergie, eine lebendige, ausstrahlende Energie, die sich in Qualitäten wie Freude, Frieden, Weisheit, Klarheit und bedingungsloser Liebe manifestiert.

Kosmische Symbole sind nach Carl Gustav Jung »lebendige Wesenheiten«, die ständig in Bewegung sind und eine ganz bestimmte Anziehungskraft und Wirkung auf unsere Psyche haben, ob wir uns dessen bewusst sind oder nicht. Bewusst oder auch unbewusst reagiert der Mensch auf Symbole einer höheren Ordnung, weil sie Erzeuger von Lichtenergie sind, die beim Menschen auf allen Ebenen wirkt. Kosmische Symbole sind längst in unserer »archetypischen Seele« oder unserem kollektiven Unbewussten gespeichert. Sie werden durch die Einstimmungen des ersten und zweiten Grades aktiviert und vertraulich behandelt. In einem »Tanz der Symbole« werden sie groß in die Luft gemalt, und man tritt in ihre unsichtbare, aber sehr reale Energie ein und absorbiert diese hohe Schwingung auf allen Ebenen.

Das SHK- oder Vier-Muster-kosmische-Symbol dient vor allem zur Harmonisierung auf der mental-emotionalen Ebene und kann zum Beispiel mit der »alternativen dritten Kopfposition« oder auch zusammen mit Affirmationen benutzt werden. Wir können Menschen, die unglücklich oder aggressiv sind, über dieses Symbol wieder in Kontakt mit Harmonie und Frieden bringen. Außerdem schützt dieses Symbol vor Negativität jeder Art und kann uns in Gefahrensituationen als kraftvolles Schutzsymbol die besten Dienste erweisen. Wenn wir dieses Symbol malen, *können* wir keine Angst mehr haben und verhalten uns demnach auch nicht wie Opfer. Und wo kein Opferverhalten ist, läuft Täterverhalten ins Leere. Um selbst in seelische Harmonie zu kommen, können wir das SHK-Symbol auch groß in die Luft malen und hineintreten.

Das HSN-Symbol oder 22-Muster-kosmische-Symbol – es besteht aus 22 Teilen – hilft uns, in Kontakt mit der Energie der Transformation, der Veränderung und des Loslassens von Altem und Überflüssigem zu kommen und uns so für das Neue zu öffnen. Das Symbol unterstützt und begleitet uns, wenn Veränderungen in unserem Leben anstehen. Veränderungen gehören zum Leben, ja, das ganze Leben ist ständige Veränderung. Mit diesem Symbol bleiben wir im Fluss und trennen uns von überflüssigem Ballast. Indem wir unseren Widerstand dem Leben gegenüber aufgeben und stattdessen Hingabe entwickeln, brauchen wir in Zukunft nicht mehr zu leiden. Nur Widerstand erzeugt Leid. Hingabe schenkt (göttlichen) Frieden.

Die Anwendungsmöglichkeiten des TRK- oder Ein-Muster-kosmischen-Symbols sind unbegrenzt. Es dient zur Verstärkung kosmischer, universaler Energie und kann die Schwingung von allem und jedem unmittelbar erhöhen. Das nennt man »segnen«. Wir können zum Beispiel Essen und

Trinken segnen, Freunde und Feinde (»Liebet eure Feinde« heißt natürlich: »Habt keine Feinde.«), Gedanken und Gefühle. Wir können Heilungsprozesse auf allen Ebenen intensivieren und Verlorenes wiederfinden.

In jedem Moment unseres Lebens profitieren wir vom Gebrauch der kosmischen Symbole. Auch dem Energieausrichten bzw. der Fernbehandlung sind keine Grenzen gesetzt. Zusammenfassend kann man sagen, dass die Möglichkeiten des zweiten Grades atemberaubend sind. Kein Wunder, dass mehr als die Hälfte derjenigen, die den ersten Grad haben, über kurz oder lang auch den zweiten Grad absolvieren. Mit den kosmischen Symbolen erschaffen wir jederzeit eine Atmosphäre von Freude, Harmonie und Frieden und helfen Menschen, in Kontakt mit ihren inneren Qualitäten zu kommen. So können wir Streit schlichten, traurige Menschen aufheitern, Kinder beruhigen und uns sehr wirksam für den Weltfrieden engagieren.

Mit dem zweiten Grad werden wir zu sehr effektiven Lichtarbeitern. Mit den kosmischen Symbolen und der Fernbehandlung können wir auch Menschen erreichen, die zu einer Direktbehandlung nicht bereit wären. Das können wir ohne Bedenken tun, weil wir mit dem authentischen Reiki denjenigen, den wir behandeln, ausschließlich mit *seinen* wirklichen Bedürfnissen in Kontakt bringen.

Entwicklungsprozesse mit dem zweiten Reiki-Grad

»Du wirst getragen von der Liebe Gottes.«

Ein Kurs in Wundern

Viele entwickeln nach Erlangen des zweiten Reiki-Grades ein bisher nie gekanntes Selbstbewusstsein und Selbstwertgefühl. Sie haben endlich den Mut, Dinge anzusprechen, sei es in der Partnerschaft, in der Familie oder am Arbeitsplatz. Viele suchen sich eine neue Arbeitsstelle, wenn sie merken, dass sie sich an ihrem alten Arbeitsplatz nicht selbst verwirklichen können. Menschen, die den zweiten Grad absolviert haben, sind oft eher bereit, Verantwortung für ihr Leben zu übernehmen und geben nicht länger anderen oder äußeren Umständen die Schuld an ihrer eigenen Befindlichkeit. Sie gehen kreativer mit ihren Möglichkeiten um und entwickeln Ideen zur Gestaltung ihres Lebens. Sie erkennen immer deutlicher, welche Talente in ihnen schlummern, und entwickeln nicht nur mehr und bessere Ideen, sondern haben auch den Mut und die Kraft, wenigstens einen Teil davon in die Tat umzusetzen.

Viele sind auch eher bereit, Verantwortung für ihre Gefühle zu übernehmen und an deren Transformation zu arbeiten. Je mehr wir unsere eigenen Gefühle heilen, desto weniger sind wir allerdings bereit, uns die Opfergeschichten anderer anzuhören und als Klagemauer missbrauchen zu lassen. Wir erkennen nämlich immer deutlicher, dass niemand jemals »Opfer« ist, sondern immer Regisseur und Hauptdarsteller seines eigenen Lebens. Je größer unsere Probleme sind, desto größer sind auch unsere Chancen zu wachsen und zu lernen. Unsere »Feinde« bieten uns eine wunderbare Möglichkeit, bedingungslose Liebe zu leben, und leisten uns damit einen wahren Freundschaftsdienst. Vielleicht wohnen in unseren ärgsten »Feinden« Seelen, die uns am meisten lieben.

Mit dem zweiten Grad lernen Menschen noch klarer, zwischen Mitleid und Mitgefühl zu unterscheiden. Mitleid bedeutet »mitleiden«: Wir kaufen dem anderen seine Opfergeschichte ab und tragen nichts zu seiner Entwicklung bei. Mitgefühl ist etwas ganz anderes: Wir fühlen uns eins mit dem anderen, verbunden im Licht, ohne uns mit der emotionalen Ebene zu identifizieren. Wir bleiben also in einem hohen Bewusstseinszustand und helfen dadurch unserem Gegenüber aus seinem emotionalen Tief.

Viele, die den zweiten Grad gemacht haben, engagieren sich nicht nur auf den inneren Ebenen, sondern auch auf den äußeren, zum Beispiel für die Umwelt, den Tierschutz, Dritte-Welt-Projekte oder Ähnliches. Das liegt daran, dass wir mit Reiki immer mehr Einheitsbewusstsein entwickeln und intuitiv wissen, dass es dauerhaftes Glück für den Einzelnen nicht geben kann, solange zum Beispiel noch Kinder verhungern oder Tiere gequält werden. Unsere Liebesfähigkeit wächst und schließt letztlich alle Lebewesen auf diesem Planeten ein. Wir erkennen immer mehr, dass das Wohl des Ganzen auch unser eigenes Wohl ist.

▶ Fernbehandlungen ohne den zweiten Reikigrad

Viele Menschen haben Freunde oder Verwandte, die nicht in ihrer Nähe wohnen, die sie aber dennoch unterstützen wollen. Geht das auch ohne den zweiten Reiki-Grad, in dem man unter anderem eine einfache und effektive Methode der Fernbehandlung lernt, die auf der Verwendung von kosmischen Symbolen basiert?

Ja, diese Möglichkeit gibt es. Vielleicht ist dir bekannt, dass kranke Menschen, für die in Gruppen gebetet wird, schneller gesund werden als Menschen, für die nicht gebetet wird. Der Placebo-Effekt greift hier nicht, weil diejenigen, für die gebetet wird, ja gar nichts davon wissen. Wir sehen an diesem Beispiel, dass Gebete viel bewirken können, ja sogar positives Denken. Je mehr Menschen positiv und liebevoll an einen denken, desto mehr profitieren wir davon.

Wenn wir den ersten Grad Reiki haben, stellen wir uns die Person, um die es geht, in unseren Händen vor, oder wir nehmen ein Foto der Person in die Hände und legen diese in die Herzposition. Unser Herz strahlt ständig die heilende Energie bedingungsloser Liebe aus. Das Gleiche machen unsere Hände, nachdem sie durch die vier Einstimmungen im ersten Grad aktiviert wurden.

Eine andere Möglichkeit besteht darin, sich die Person vorzustellen und beide Hände mit den Handinnenflächen zu der Person gewandt auf Höhe des eigenen Herzzentrums zu halten. Indem wir das tun, »bestrahlen« wir die Person, die wir behandeln, mit der allerhöchsten Schwingung. Ich empfehle, diese Behandlung zehn bis 15 Minuten lang durchzuführen.

Wenn wir noch gar keinen Reikigrad haben, machen wir es genauso. Der einzige Unterschied: Wir geben unserem Herzchakra immer wieder den Impuls: »Gib!« Unser Herz kann nur bedingungslose Liebe geben. Für diese Behandlung ist viel Konzentration erforderlich, aber sie wirkt ebenfalls.

Effektive Fernbehandlungen lernt man im zweiten Reikigrad; Einstimmungen, die auf Entfernung wirken, ab dem IIIA-Grad. Wer aber schon vorher Menschen, die körperlich gar nicht anwesend sind, von Lichtenergie profitieren lassen will, hat die Möglichkeit dazu.

Erfahrungen mit den kosmischen Symbolen

»Ich bin zu meinem Verständnis der grundsätzlichen Gesetze des Universums nicht durch meinen rationalen Verstand gekommen.«

ALBERT EINSTEIN

Kosmische Symbole sind Schlüssel zu höheren Bewusstseinsebenen, die uns immer in Kontakt mit der allerhöchsten Frequenz von Energie bringen. Die einzige Voraussetzung: Wir machen uns bewusst, welche wundervollen Lichtwerkzeuge wir damit haben, und wenden sie an, damit sie wirken können. Wer intensiv mit kosmischen Symbolen arbeitet, hat oft das Gefühl: Nicht ich arbeite mit Symbolen, sondern die Symbole arbeiten mit mir und durch mich. Kosmische Symbole sind »lebendige Wesenheiten«, die in unserer »archetypischen Seele« oder »kollektiven Vergangenheit« (Carl Gustav Jung) gespeichert sind. Sie werden durch Reiki aktiviert und haben eine bestimmte Wirkung auf der emotionalen und mentalen Ebene. Hier schreiben Teilnehmer ab dem zweiten Grad über ihre Erfahrungen mit diesen universalen Symbolen:

»Mit der kosmischen Spirale habe ich die tollsten Erlebnisse. Manchmal stelle ich fest, dass ich dieses Symbol benutze, ohne es geplant zu haben. Es geschieht einfach. Manchmal erfahre ich, dass ich dieses Symbol *bin*. Das ist ein wundervolles Erlebnis: Ich komme aus dem Geist, meine Wirbelsäule ist eine Lichtsäule und die Energie geht wieder nach oben, Richtung Heimat. Einmal saß ich da mit den Händen auf der Herzposition, die Augen geschlossen. Ich stellte mir die kosmische Spirale vor. Plötzlich wurde sie dreidimensional und ›saugte‹ mich in sich hinein, ins All, in die Unendlichkeit. Ich schoss durchs Universum, alles war ganz real, und ich habe ferne Planeten besucht. ›Ich bin ein kosmisches Wesen und gebe ein Gastspiel auf der Erde.‹ Dieser Satz wurde Wirklichkeit. Das Gefühl, das ich dabei hatte, war unbeschreiblich: Ekstase.« **Wolfgang M., Berlin**

»Wenn ich merke, dass ich mich überfordert fühle, und nicht weiß, wie ich alles schaffen soll, stelle ich mir kosmische Symbole vor oder gebe mir eine Einstimmung. Das wirkt immer.

Sobald ich damit anfange, merke ich, dass meine Energiefrequenz steigt. Wichtig dabei ist, rechtzeitig zu merken, wann es losgeht, und sich daran zu erinnern, welche wundervollen Lichtwerkzeuge wir mit den Symbolen in den Händen halten.«
Uli S., Hannover

»Ich telefoniere mindestens den halben Tag. Beim Telefonieren halte ich mein Halschakra oder stelle mir vor, dass ich mit meiner Stimme kosmische Symbole forme. Von vielen bekomme ich das Feedback, dass meine Stimme so warm und beruhigend klingt. Mit dem IV. Grad-Symbol wirke ich Wunder. Es ist unglaublich. Beim Telefonieren oder im Gespräch kann ich die Energie meines Gegenübers vollkommen umpolen: von Frust, Ärger, Wut oder Aggression zu gutem Willen, Offenheit und Freundlichkeit. Liebe ist der Schlüssel, die Lösung von allem. Das zeigt mir dieses wundervolle Symbol. Ich fühle mich wie eine Friedensstifterin. Als würde ich Menschen daran erinnern, wer sie wirklich sind. Wenn ich das SKSK-Symbol verwende, werde ich selbst friedvoll, klar und sanft. Ich erfahre, dass es reicht, wenn ich selbst mich verändere. Ich brauche mich nicht mehr um den anderen zu kümmern.« **Katharina B., Köln**

»Ich bin Mutter von zwei Kindern. Wenn meine Kinder – 15 und 17 – einmal später als erwartet nach Hause kommen, schicke ich ihnen Einstimmungen. Das unterstützt sie, aber vor allem mich. Wenn ich im Dunklen mit dem Auto fahre, fahre ich in eine Spirale aus Licht. Dadurch bleibe ich wachsam und konzentriert. Seit

Freya mit Muschel

ich im dritten Grad die verschiedenen Einstimmungen gelernt habe, kann ich Stresssituationen viel schneller loslassen und mich viel besser tief entspannen. Wenn ich einen Vortrag halten muss, ziehe ich mich vorher in die Stille zurück und gebe mir und dem Publikum eine Einstimmung. Wenn ich rede, stelle ich mir eine kosmische Spirale vor, die meine Worte in die Luft zeichnen. Manchmal male ich Symbole im Halbschlaf, in Zeitlupe. Das ist sehr intensiv. Reiki zentriert mich, wo immer ich bin. Mit den kosmischen Symbolen bin ich nicht mehr darauf angewiesen, dass Menschen es gut finden, wenn ich sie berühre, und ich brauche mich auch selbst nicht zu berühren, was in einigen Situationen nicht angebracht ist.« ANGELA K., BREMERHAVEN

»Früher war ich bei der Arbeit oft abgelenkt und habe mich viel zu viel mit Unwichtigem beschäftigt. Außerdem habe ich mich manchmal schon über Kleinigkeiten richtig aufgeregt. Wenn ich merke, dass sich bei mir ungute Gefühle aufschaukeln, arbeite ich mit dem SHK-Symbol oder gebe mir eine Einstimmung. Das hilft immer. Ich merke, dass es überhaupt keinen Sinn macht sich aufzuregen und dass dadurch alles nur noch schlimmer wird und eskaliert. Wenn ich mich heute über etwas oder jemanden ärgere, was selten passiert, geht das viel schneller vorbei als früher.« **Klaus P., Berlin**

»Ich arbeite als Buchhalterin. Wenn immer möglich, lege ich mir zwischendurch und in Pausen die Hände auf und male im Geist kosmische Symbole. Oft bleibe ich nach der Arbeit noch eine Weile im Büro und meditiere mit den kosmischen Symbolen, oder ich mache Einstimmungen. Früher habe ich ständig unter Rückenschmerzen und Nackenverspannungen gelitten. Die sind jetzt völlig verschwunden. Sobald ich spüre, dass sich irgendwelche Anspannungen entwickeln, sage ich mir: ›Entspann dich‹, lege die Hände auf und male kosmische Symbole. Zeitdruck hat keine Macht mehr über mich.« **Sybille B., Schneverdingen**

»Ich arbeite als Kinderärztin im Krankenhaus. Während ich zur Arbeit fahre, stelle ich mir vor, wie eine kosmische Spirale aus meinem Herzchakra auf die Straße vor mir fließt. Wenn ich Bereitschaftsdienst habe, nutze ich die Zeit, um mir eine Ganzbehandlung zu geben. Ich habe jede Menge Gelegenheit, meine kleinen Patienten mit meinen Reiki-Händen zu berühren. Außerdem arbeite ich mit kosmischen Symbolen, während ich sie untersuche und behandle. Wenn Kinder sich nicht gern anfassen lassen, weil sie vielleicht Schmerzen habe, arbeite ich mit kosmischen Symbolen, die immer wirken, egal, was auf den äußeren Ebenen los ist. Früher hat mich meine Arbeit oft ausgelaugt. Das ist jetzt vorbei. Mit Reiki kann ich meine Energie leicht wieder auffüllen und mich auf allen Ebenen mit dem Besten versorgen, was es gibt.« JUDITH S., BERLIN

»Ich finde, es ist anstrengend, im 21. Jahrhundert zu leben. Deshalb gebe ich mir jeden Tag die Zwölf-Positionen-Ganzbehandlung, am Wochenende manchmal zwei Stunden oder länger. Jeden Tag muss ich eine Menge E-Mails und Geschäftspost bearbeiten. Ich öffne die Post jetzt viel bewusster, indem ich mir die kosmischen Symbole vorstelle und mich mit einem Punkt in mir verbinde, an dem Harmonie und zeitlose Stille sind. Während ich mich mit Arbeitskollegen unterhalte, gebe ich ihnen manchmal eine Einstimmung. Das mache ich auch bei Geschäftsbesprechungen. Ich fühle mich mit den kosmischen Symbolen viel zentrierter und kann viel öfter mein Bestes geben. Mit Reiki gibt es immer ein ›Mehr‹ zu erleben!« JUTTA A., HAMBURG

»Als sich meine Tochter an einer Wunderkerze verbrannt hatte, habe ich sofort mit kosmischen Symbolen gearbeitet. Ihr linker Zeigefinger und Daumen waren verletzt. Ich habe nicht nur meiner verletzten Tochter Energie geschickt, sondern auch dem

Arzt im Krankenhaus. Obwohl der Arzt todmüde war, lief die Behandlung gut, und der Arzt bedankte sich bei uns für die gute Zusammenarbeit. Die Wunden verheilten erstaunlich schnell.«
ANNELIESE J., LANDSHUT

»Manchmal wache ich morgens auf und erinnere mich, dass ich im Traum mit Symbolen gearbeitet oder wem ich Einstimmungen geschickt habe. Die Symbole wirken durch mich, und ich bin mit ihnen 24 Stunden im Einsatz. Allerdings habe ich mich schon vor diesem ›Automatismus‹ ein paar Jahre intensiv mit kosmischen Symbolen beschäftigt. Übung macht offenbar den Meister. Oft mache ich eine Symbolmeditation, die ich mir gleich nach dem zweiten Grad selbst ausgedacht habe. Ich sitze mit den Händen auf der Herzposition und habe die Augen geschlossen. Ich stelle mir vor, dass ich bei jedem Einatmen goldene Lichtspiralen einatme. Und weil ich in mir einen Generator habe, verbreite ich beim Ausatmen noch viel mehr Lichtspiralen. Der Raum füllt sich mit ihnen, der TKR-Teppich wabert über meine Stadt, bedeckt das ganze Land, und schließlich umhüllt er die ganze Erde. Zuletzt ist das ganze Universum erfüllt von goldenen Lichtspiralen. Ein sagenhaftes Gefühl von Frieden, Freude und unendlicher Weite erfüllt mich.« **JOSEPHINE A., KÖLN**

Reiki für Kinder und Jugendliche

»Die beste Arznei für den Menschen ist der Mensch. Der höchste Grund dieser Arznei ist die Liebe.«

Paracelsus

Reiki ist kinderleicht zu erlernen, und ich gebe öfter Kurse, an denen Kinder ab Grundschulalter teilnehmen können. Manche Kinder ziehen es allerdings vor, gemeinsam mit einem Elternteil oder beiden Eltern an einem »normalen« Kurs teilzunehmen. Wenn Kinder noch zu klein sind, kann ich ihnen anhand von Fotos die vier Einstimmungen des ersten Grades geben. Von den Auswirkungen können sogar schon Babys profitieren: das Immunsystem wird gestärkt, die Kinder schlafen besser (durch) und sind seelisch ausgeglichener. Schulkinder können sich besser konzentrieren, sind motivierter und selbstbewusster und lernen besser.

Reiki unterstützt Kinder bei der Bildung von tiefen Verbindungen zu Eltern, Geschwistern, Haustieren und der Natur, beim Wachsen auf allen Ebenen und bei den Herausforderungen des lebenslangen Lernens. Reiki begleitet Kinder schon im Bauch ihrer Mutter, bei der Geburt und in jeder Phase ihres Lebens. Kinder brauchen Reiki – und uns! – in jeder Phase ihrer Entwicklung, also auch, wenn sie schon größer sind.

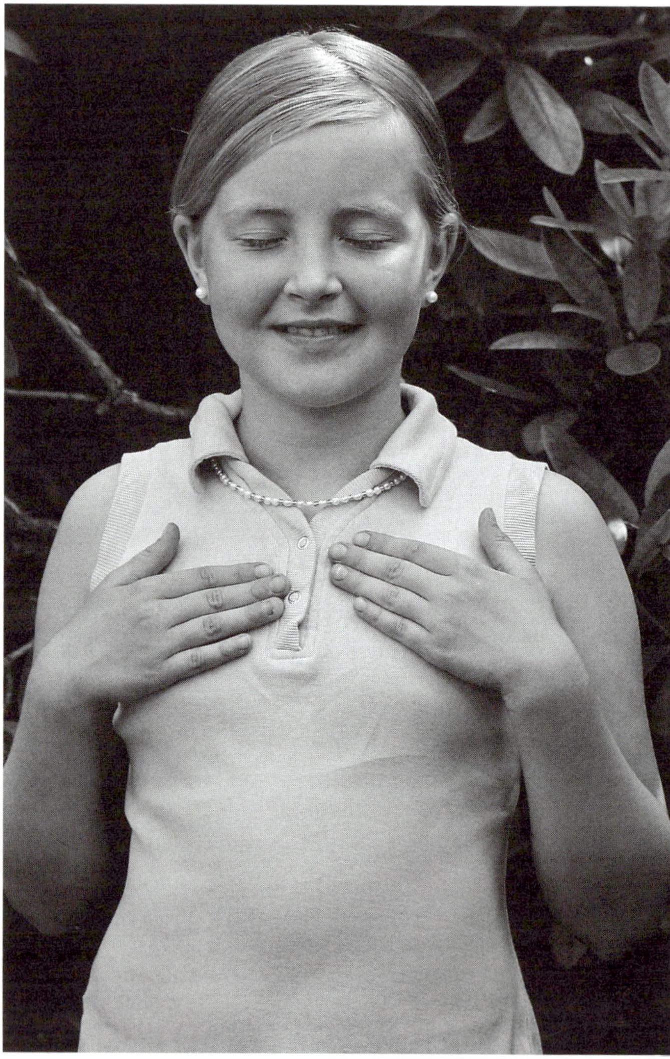

Reiki ist eine wunderbare Möglichkeit, eine Herzensverbindung, einen »Dialog ohne Worte« zwischen Eltern und Kindern aufrechtzuerhalten, auch in »stürmischen Zeiten« wie der Pubertät. Mein Sohn – jetzt 18 – lässt sich jeden Morgen vierzig Minuten früher wecken, um eine Reiki-Behandlung von mir zu bekommen. Morgens »schicke« ich beiden Kindern Energie, und wenn sie Klassenarbeiten schreiben oder Referate halten, richte ich Energie aus. Auch Probleme wie Drogenabhängigkeit, Hyperaktivität und Essstörungen können mit Reiki erfolgreich »umschifft« oder transformiert werden, weil Reiki das Selbstbewusstsein von Kindern und Jugendlichen stärkt.

Wenn Kinder es merkwürdig finden, dass wir plötzlich die Hände still halten, statt sie zu streicheln, können wir sie zwischendurch einfach wieder streicheln, um sie langsam daran zu gewöhnen. Wenn Kinder sehr unruhig sind, können wir einfach die Hände über sie halten, während sie schlafen. Manche kleineren Kinder mögen die erste Kopfposition nicht. Wenn wir das bemerken, machen wir stattdessen einfach die dritte Kopfposition etwas länger. Kinder lieben es, ihre Eltern zu behandeln, und fühlen sich dadurch größer und stark. In vielen Familien sind regelmäßige Gruppenbehandlungen zu einem wichtigen Ritual geworden.

In *Freundschaft mit Gott* von Neale Donald Walsch finden wir wertvolle Hinweise für die Erziehung unserer Kinder. Wir sollen mehr Zeit mit unseren Kindern verbringen und nicht so tun, als seien sie mit elf erwachsen. Wir sollen uns mit ihrem Leben beschäftigen und uns dafür interessieren, egal, wie alt sie sind. Wir sind eingeladen, mit ihren Lehrern zu sprechen und uns mit ihren Freunden anzufreunden. Eindringlich schärft Gott uns ein: »Macht euren Einfluss geltend. Seid in ihrem Leben wirklich präsent. Lasst nicht zu, dass sie euch entgleiten.« Was dann kommt, entspricht dem, was auch Neurologen wie Professor Dr. Manfred Spitzer sagen: »Nehmt einen klaren und deutlichen Strandpunkt gegen Gewalt und gewalttätige Rollenvorbilder ein und zwingt die Kulturschaffenden zu einer neuen Ethik. Bilder *lehren* rascher und prägender als Worte. Schafft eine Ethik der *Gewaltlosigkeit*. Am wichtigsten: verbannt die Gewalt aus *eurem eigenen Leben.*« In den Augen Gottes ist es »Irrsinn, euren Nachkommen ein Verhalten vorzuleben, das sie nicht kopieren sollen, wie ihr sagt. Wir töten ja sogar Menschen, um Menschen davon abzuhalten, Menschen zu töten. Und der aberwitzigste Irrsinn ist es, so zu tun, als würde all das gar nicht geschehen, und sich dann zu wundern, *warum sich eure Kinder irrsinnig verhalten.*« Professor Spitzer hat herausgefunden, dass Jugendliche bis zu ihrem 18. Geburtstag durchschnittlich mehr als 200 000 Gewalttaten gesehen haben. In 80 Prozent der Fernsehsendungen, auch der öffentlich-rechtlichen Programme, spielt Gewalt eine Rolle. Am 15. Januar 2007 stand in der Zeitung, dass zwei Siebzehnjährige ein Ehepaar erstochen haben, ohne klares Motiv. Ihre Lieblingsbeschäftigung: am Computer sitzen und Killerspiele spielen …

Kinder erziehen ist sehr schön, aber manchmal auch ganz schön anstrengend. Als mein Sohn 14 war, habe ich mich vor seinen Freunden dadurch lächerlich gemacht, dass ich ihn heimlich hinter den Büschen beobachtet und mich dann geoutet habe, weil ich dachte, er würde Haschisch rauchen. Es war »nur« eine Zigarette, die da aus Kostengründen die Runde machte. Ich habe mich bei meinem Sohn nicht unbedingt beliebt gemacht, als ich ihm das Versprechen abnahm, bis zum Abitur keine illegalen Drogen zu nehmen, und die Einhaltung dieses Versprechens dann auch immer wieder mit Drogentests überprüft habe. Dafür habe ich ihm den Führerschein spendiert. Nachdem wir gemeinsam Professor Spitzers Film »Vorsicht Bildschirm« angeschaut hatten, hat er »Warcraft«, sein einziges Computerspiel, von dem er abhängig zu werden drohte, von allein zur Entsorgung gebracht. Den Neuwert habe ich ihm erstattet. Obwohl Reiki für eine erfolgreiche Begleitung junger Menschen natürlich nicht ausreicht, ist es in meinen Augen wichtig, um das innere Band zu unseren Kindern zu stärken, wie alt sie auch sein mögen.

Wie sehr junge Menschen von Reiki profitieren können, zeigt dieser Brief des zwanzigjährigen Medizinstudenten Peter-Paul Pannicke aus Berlin:

»Was hat sich bei mir getan, seit ich den IIIA-Grad erwarb? Ein weiteres Mal hat die Erweiterung meiner Kapazität, universale Energie auf die Erde zu bringen, Veränderungen meines Bewusstseins gefördert. Hatte der erste Grad die Pforte erst aufgestoßen, einen derartig schnellen Wandel in meinem Innern also erst ermöglicht, so wurde aus diesem kleinen Guckloch zunächst eine kleine Türe und dann eine richtige Tür. Womöglich wird daraus noch ein ausladendes Portal, welches nicht nur noch mehr Lebenskraft zu mir trägt, sondern welches auch Ein- und Ausgang sein wird für meinen Geist.

Mein Hauptwerkzeug zur Entwicklung und zur Bewältigung des Alltags ist nun Reiki. In den letzten Jahren kamen einige weitere Werkzeuge hinzu. Nichts habe ich bisher so viel angewendet wie Reiki. Es ist eine Sehnsucht in mir, die mir an Tagen der Verstimmung den Wunsch sichtbar macht, ausgeglichener zu werden. Eine Einstimmung, die ich im dritten Grad gelernt habe, kann in solchen Fällen eine tiefe Klärung hervorrufen und mich aus der Blindheit des Zorns oder der Trauer zurückführen zu meinen Sinnen. Meistens bin ich besser gelaunt, als ich es früher war.

Vor zwei Jahren war ich noch eingepfercht in unserer guten, alten preußischen Schulanstalt. Mir geht es heute besser, da ich nicht mehr bewertet und gemaßregelt werde von Menschen, die sich ihr Arbeitsleben einstmals anders vorgestellt haben. Dank dem zweiten Grad habe ich meine Schulzeit einigermaßen unbeschadet überstanden.

Was war davor? Diese Zeit erscheint mir heute, als sei sie ein vergangenes Zeitalter. Ich hatte keine Ahnung, was kommen sollte. Ich war befangen, noch Kind zu sein, und wusste auch nicht, was ich eigentlich sein wollte. Ich lebte wohl, wie so viele Jugendliche mit Snickers und McDonald's ...

Wer weiß, vielleicht hätte ich auch mit dem Kiffen angefangen. Das machen einige in meinem Umfeld. Nach dem Wechsel aufs Gymnasium trank ich auch recht viel auf Geburtstagsfeiern, von denen ich glücklicherweise nicht viele erlebte. Mich reizt eher der Kontakt mit der Natur. Das erfuhr ich im Laufe der vier Jahre mit Grad I und II immer intensiver.

Wäre der IIIA-Grad meine Geburt, so hätte ich seitdem viel gelernt. Im Krankenhaus erfuhr ich als Zivildienstleistender die Bedeutung von Demut. Mittlerweile merke ich in vielen Fällen, wenn ich etwas Falsches tue. Das ist ein Erfolg, auch wenn ich nicht immer gleich aufhöre, die Dinge falsch weiterzumachen. Ich habe mich endlich mit meiner Arbeit in der Schwimmhalle angefreundet. Lange Zeit fühlte ich mich dort völlig fehl am Platz. Die Arbeit erschien mir wenig sinnvoll und langweilig. Ich spielte mit dem Gedanken an eine Kündigung. Nun habe ich gelernt, dass es dort sogar sehr schön sein kann, wenn ich mit der entsprechenden Einstellung dorthin gehe ... Verschiedene Aspekte meiner Persönlichkeit treten klar hervor, sodass ich sie bemerke. Ich würde es wohl sonst erst in zwanzig Jahren verstanden haben, dass die Unterdrückung meiner Sexualität nicht zu den Aufgaben meines Hierseins gehört. Womöglich wäre ich nie auf den Gedanken gekommen, dass ich sehr wenig essen muss, um zu überleben. Ich äße wohl noch immer Fisch und Fleisch.

Ich erwarte das große Glück, mein Herz noch weiter öffnen zu können und meine Umgebung mit noch mehr Licht durchfluten zu dürfen.«

Diese Zeilen haben mich sehr berührt. Peter-Paul Pannicke ist aus Berlin mit dem Fahrrad (!) gekommen, um an einem Reiki-Marathon teilnehmen zu können. Wenn ich betrachte, wie er und auch meine eigenen Kinder von Reiki profitieren, wünsche ich mir, dass dieses uralte Wissen bald Einzug in Kindergärten und Schulen hält, damit es allen Kindern zur Verfügung steht.

Reiki für Tiere

»Liebe die Tiere: Gott hat ihnen die ersten Bausteine von Denken und von ungestörter Freude geschenkt. Daher störe sie nicht, quäle sie nicht, nimm ihnen nicht ihre Freude. Wende dich nicht gegen die Absicht Gottes. Wenn du alle Lebewesen liebst, wirst du das göttliche Mysterium in ihnen erfahren.«

FJODOR M. DOSTOJEWSKI

Das Schicksal der Tiere ist an unsere Bewusstseinsentwicklung gekoppelt. Wir haben unzählige Freunde, zu Hause oder in der Wildnis, die sich über unsere Energie freuen und die

Einheit mit uns auf der energetischen Ebene feiern möchten. Überhaupt wartet die ganze Natur darauf, dass wir Menschen unser Bewusstsein entwickeln. Durch diese Transformation wird auch das Tierreich verwandelt, und Lämmer werden bei den Löwen liegen, wie es in der Bibel heißt.

Sich um Tiere zu kümmern ist eine wunderschöne Gelegenheit, das Herzchakra zu erweitern und die Einheit allen Lebens zu feiern. Viele Menschen haben erfahren, dass mit Reiki eine Tiefe der inneren Verbindung zu Tieren möglich ist, die sie vorher nicht kannten. Mit unserer Balinesen-Katze Benita habe ich oft eine halbe Stunde und länger eine Augenmeditation gemacht: Wir lagen einander gegenüber – sie auf meiner Hand und meinem Unterarm – und haben uns ganz lange in die Augen geschaut. Ich habe ihr dabei kosmische Spiralen geschickt. Dabei sind wir zu einem Wesen verschmolzen. Das Bezaubernde: Nicht nur ich habe das empfunden, sondern auch Benita. Das ist ein Wissen, das mit dem Verstand nichts zu tun hat. Wir haben jetzt eine kleine Katze. Kati ist erst vier Monate alt, und gestern haben wir zum ersten Mal Einheitsbewusstsein miteinander geteilt. Es war wunderbar, und ich weiß, dass es nicht das letzte Erlebnis dieser Art war.

Weil die meisten Tiere, denen wir normalerweise Reiki geben können, kleiner sind als wir, kommen wir bei ihnen mit weniger Positionen aus. Du wirst merken, dass einige Tiere – manche Katzen und Hunde zum Beispiel – die erste Kopfposition nicht mögen. Sei einfach flexibel und gib ih-

Freya mit Kater Valentin

nen als Alternative die dritte Kopfposition. Wenn Tiere verletzt sind oder keine direkte Berührung wollen, kannst du einfach deine Hände über sie halten. Bei Tieren in der freien Wildbahn arbeitest du mit Fernbehandlungen, kosmischen Symbolen oder Einstimmungen.

Im Sommer waren wir in Australien. Ich war sehr früh aufgewacht im Eungella Rainforest, einem wunderschönen Regenwald in Queensland, und setzte mich im Nachthemd an einen hell erleuchteten, überdachten Tisch auf dem Campingplatz um zu lesen. Fast hätte ich mein Buch auf einen riesigen schwarz-roten Schmetterling gelegt, der wie ich auf den Tagesanbruch und die wärmende Sonne zu warten schien. Für eine Weile hielt ich beide Hände über den starren Körper und legte dann eine Hand neben ihn. Als ob der Schmetterling Vertrauen zu mir gefasst hatte, kroch er langsam auf meine Hand. Dort blieb er zwei Stunden sitzen, bis es hell wurde und ich aufstand und ihn in eine Rankpflanze setzte, die den luftigen Aufenthaltsraum verschönerte. In Queensland gibt es übrigens einen großen, metallic blauen Schmetterling, Odysseus-Falter genannt. Wenn er im grellen Sonnenschein vor dir auf und ab gaukelt, denkst du, du träumst. Wenn ich ganz ruhig stehen blieb und die Hand ausstreckte, ließ sich ab und zu einer dieser schönen Falter auf mir nieder. Wir besuchten auch einen Schmetterlingsgarten, und es gab keinen einzigen Touristen, auf dem so viele Schmetterlinge landeten wie auf meinen Kindern und mir. Das habe ich schon oft bemerkt, auch in der Natur: Wir strahlen mit Reiki eine Energie aus, die auch von Wildtieren als harmlos und harmonisch erlebt wird.

Einmal saß ich im Wald auf einem Baumstamm und richtete Energie für die Erde aus. Dabei hatte ich die Augen geschlossen. Plötzlich nahm ich eine Bewegung direkt vor mir wahr. Ich öffnete die Augen und sah eine rote Libelle auf meinem Knie sitzen. »Die denkt jetzt, ich bin Teil des Baumstamms«, dachte ich. »Kein Wunder, wenn ich hier so still sitze.« Ich wackelte mit dem Knie. Die Libelle flog auf, setzte sich aber sofort wieder auf mein Knie. Die Energie, die wir mit Reiki ausstrahlen, führt zu Erlebnissen, wie sie wohl auch der heilige Franz von Assisi hatte. Dieser Heilige war ein großer Freund der Tiere, und wohin er auch ging, folgten ihm Tiere – Haustiere und Wildtiere. Er war nie allein. Dieses Gefühl, von Tieren als Freund und Schwester/Bruder aus der gleichen Quelle erkannt zu werden, ist wunderschön.

Tiere können eingestimmt werden und dadurch von innen heraus wachsen und sich entwickeln, genau wie wir. Haustiere suchen oft unsere Berührung, wenn wir in Reiki eingestimmt sind. Haben sie selbst den ersten oder einen fortgeschrittenen Grad, tun sie das umgekehrt auch. Besonders intensiv »behandeln« sie einen, wenn man krank ist. Als ich einmal traurig war, wurde ich den ganzen Tag von unseren beiden Katzen belagert und fühlte mich tatsächlich abends besser. Wenn eines der Kinder oder ich mal krank sind, was dank Reiki nur ganz selten vorkommt, weichen die Katzen nicht von der Stelle, und oft ist die Krankheit nach ganz kurzer Zeit ausgestanden. Einmal hat eine Teilnehmerin an einer Gruppenbehandlung danach eine so tiefe »spirituelle Begegnung« mit unserem Kater Valentin, dass sie fragte, ob sie das nächste Mal eine Stunde früher kommen könne, um diesen Kontakt auszubauen. Meine Mutter blühte immer auf, wenn eine unserer Katzen zu ihr auf den Schoß sprang und schnurrte, und auch mein Vater liebt diesen Körperkontakt.

Eine Freundin hat einen Australian Shepherd, einen wunderschönen Hütehund. Leider haben Individuen dieser Rasse manchmal die Eigenschaft, Jogger, Nordic Walker und

Radfahrer zu attackieren, so auch diese Hündin. Ihr Verhalten führte oft zu Konflikten und machte jeden Spaziergang zu einer Stresspartie. Ich gab diesem Hund den ersten und zweiten Grad, und sein Verhalten besserte sich wesentlich.

Als ich Gary Samer, meinen ersten Reiki-Lehrer, in Australien besuchte, sprang einer seiner drei Hunde auf meinen Schoß. Ich saß im Garten und hatte gerade begonnen, eine Einstimmung für die Erde zu geben. Als ich damit fertig war, sprang er von meinem Schoß hinunter. Spontan schickte ich ihm ein paar Symbole hinterher, und er drehte sich um, kam zurück und rieb sich an meinem Bein. Als ich eine weitere Einstimmung auf den inneren Ebenen gab, sprang er wieder auf meinen Schoß.

In dem Reitstall, in dem meine Tochter jahrelang geritten ist, gibt es eine Stute namens Tequila, die sehr zickig war. Wenn Kinder an ihr vorbeigingen, versuchte sie, sie zu zwicken. Obwohl sie ansonsten ein hervorragendes Turnierpferd war, erschreckte sie der Applaus während eines Turniers so, dass sie einige Male durchging. Der Leiter der Reitschule musste die Zuschauer bei Turnieren daher bitten, auf den Applaus zu verzichten. Wenn ein anderes Pferd ihr zu nah kam, ging sie vorn und hinten hoch wie ein Rodeopferd, und mehr als einmal warf sie dabei ihren Reiter ab. Die Tochter des Reitlehrers wusste, dass ich Reiki praktiziere, und bat mich, etwas für Tequila zu tun. Ich schickte der Stute also immer vor und während eines Turniers Energie und auch sonst ein- bis zweimal die Woche. Nach einer Weile störte sie sich nicht mehr an Geräuschen, und auch das Zwicken hörte völlig auf. Um dieses positive Ergebnis zu stabilisieren, gab ich ihr die Einstimmungen in den ersten Grad, und nach einer Weile auch die in den zweiten, die besonders intensiv auf der seelischen Ebene wirkt. Aus Tequila ist mittlerweile ein umgängliches, seelisch stabiles Pferd geworden.

Mit Reiki können wir die innere Verbindung zu allen Lebewesen stärken. Wenn wir Energie an ein Haustier oder ein wildes Tier schicken, bekommen wir oft tiefe Einsichten in sein Wesen, und, wenn es krank ist, in die Natur der Krankheit beziehungsweise der psychischen oder körperlichen Krise. Ich bin Mitglied in einigen Tierschutzorganisationen und Gnadenhof-Vereinen und studiere sämtliche Artikel über Tiere, die in den Mitglieder-Zeitschriften dieser Organisationen erscheinen. Mit dem »energetischen Blick«, den wir durch Reiki bekommen, erfassen wir, welche Tierarten oder Individuen unsere Unterstützung gerade besonders intensiv brauchen. Dann wenden wir die Fernbehandlung an, wie wir sie im zweiten Grad gelernt haben, oder nehmen Einstimmungen vor, wie man sie ab dem IIIA-Grad lernt. Jedes Jahr lassen Millionen von Labortieren, manchmal nach unsäglichem Leid ihr Leben für den medizinischen Fortschritt. Auch sie können wir energetisch unterstützen, genauso wie die Tiere in der Massentierhaltung, die eng gepfercht ihr Leben fristen und die, außer auf dem Weg zum Schlachthof, in ihrem kurzen Leben kein Tageslicht zu sehen bekommen, von saftigen Weiden ganz zu schweigen.

In unserem Mietshaus dürfen keine Hunde gehalten werden. Daher fuhr ich mit meiner Tochter eine Zeit lang regelmäßig am Sonntagmorgen ins Tierheim, um mit einem der dort lebenden, herrenlosen Hunde spazieren zu gehen. Von Mal zu Mal trauten wir uns »schwierigere« Hunde zu, und ich merkte, wie sich einige Situationen mithilfe der kosmischen Symbole entspannten, wenn im Park andere Hunde ungestüm auf »unseren« Hund zuliefen oder »unser« Hund plötzlich wie wild an der Leine zog. Ich habe mir angewöhnt, dem Tier aus dem Tierheim, das jede Woche im »Hamburger Abendblatt« zur Adoption angeboten wird, Energie zu schicken, damit es ein liebevolles Frauchen oder Herrchen findet. Wenn das Tier besonders traurig oder traumatisiert aussieht, gebe ich ihm auch die Einstimmungen in den ersten Grad, weil ich damit so gute Erfahrungen bei Tieren gemacht habe.

Dr. Renate Collier, meine Azidose-Lehrerin wohnte früher auf Sylt. In Westerland hatte ihre beste Freundin eine Vogelstation eingerichtet, um kranken oder ölverschmierten Vögeln zu helfen. Nach unserem Massagekurs und Azidose-Seminar besuchten wir sie täglich. Renate gab den Vögeln Spritzen mit Vitaminen zur Stärkung des Immunsystems, und ich gab den Vögeln Reiki. Obwohl unser Tag auf diese Weise sehr lang war, fühlte ich mich danach immer entspannt und kraftvoll. Die wilden Vögel »wussten«, dass wir dazu da waren, ihnen zu helfen, und verhielten sich auch so. Jedes Mal war es ein Fest, wenn wir einen der Vögel wieder auswildern konnten. Manchmal hatten die Vögel auch schon so viel Öl mit ihrem Schnabel aufgenommen, dass sie in oder unter unseren Händen starben. Das war traurig, aber ich war auch dankbar, dass wir den Tieren mit Reiki wenigstens einen sanften Tod schenken konnten.

Yvonne Schiwalski aus Heupelzen schreibt, wie sie mit Reiki ihre extrem ausgeprägte Angst vor Wespen verlor: »Vom Verstand unbemerkt, änderte sich mein Verhalten. Wirklich bewusst wurde mir das, als mir beim Wäscheaufhängen auf dem Balkon eine Wespe um die Nase surrte und ich nicht voller Panik zurück in die Wohnung flüchtete. Ich machte einen Schritt zurück und wartete einfach, bis sie weg war. Für die meisten Leute eine Selbstverständlichkeit – für mich ein Schritt vorwärts!« Sie schreibt auch noch über ein anderes Erlebnis mit Tieren: »Barbara erzählte uns im Seminar, dass Kinder und Tiere für die erhöhten Schwingungen des Reiki sehr empfänglich seien. Dies kann ich nur bestätigen. Der Hund meiner Schwiegereltern hat von Geburt an einen Herzfehler und ist zudem ein sehr scheues Tier, kein Schmuse- oder Spielhund. Vor drei Monaten gab ich meiner Schwiegermutter die erste Reiki-Behandlung. Von diesem Tag an folgt mir ihr Hund auf Schritt auf Tritt, sobald ich durch die Haustür komme, und zwar so lange, bis er seine ›Portion‹ Reiki bekommen hat.«

Frau K. Lenkert aus Gilching hatte erfahren, dass ihr Hund Morle eine schwere Diabetes und das Cushing-Syndrom hat. Außerdem hatte ihre Hündin Lilli Krebs. »Reiki war ohne Zweifel unser Lebensretter. Unseren beiden Schätzen geht es gut. Morle leidet zu allem Überfluss seit Mai diesen Jahres auch noch unter Leberversagen. Unsere Tierärztin wollte ihn schon einschläfern, aber ich habe nein gesagt. Er macht noch täglich seine Rundgänge im Garten, verbellt jeden Fremden und ist noch sehr wachsam. Er genießt die Sonne, den Wind, liegt gern im Gras, sein Appetit ist auch noch da. Kurz, er ist dank Reiki noch voll da und sagt uns jeden Tag, dass er noch bei uns bleiben will. Unsere Tierärztin sagt immer, wenn sie Morle sieht, er sei ein medizinisches Wunder. Ich aber lächele nur und sage: ›Das ist Reiki.‹ Dann gibt sie mir recht, denn sie weiß, was Reiki alles bewirken kann. Bei unserer Lilli ist der böse Krebs auch nicht wieder gekommen – Gott sei Dank. Vor drei Wochen hatte Lilli einen bösen Husten. Sie bekam Hustensaft von der Tierärztin, und ich habe ihr ein Halstuch mit Reiki-Symbolpflaster umgebunden. Der Husten war nach zwei Tagen weg.«

Mein Schweizer Reiki-Lehrer, Dr. Willy Fraefel, Rechtsanwalt, war jahrzehntelang Präsident des Blindenhundevereins in der Schweiz. Seine Erfahrungen mit Reiki bei Hunden, die im Dienst des Menschen stehen, sind profund. Er lässt sich derzeit zum Tierkommunikator ausbilden und wird vielleicht der erste Anwalt für Tiere auf der Welt.

Seit einiger Zeit werden immer mehr Tiere ganz bewusst in den Dienst am Menschen gestellt. Ob es Delphine sind, die schwer behinderten Kindern neue Lebensqualität und Lebensfreude schenken; Reitpferde, auf denen diese Kinder schaukelnd Urvertrauen lernen, oder Hunde, die Licht in Altersheime bringen. In der Reitschule, in der meine Tochter Reitunterricht bekam, wird auch mit schwer behinderten Kindern gearbeitet. Ein Junge wurde bei der ersten Reitstunde vom Rollstuhl aufs Pferd gehoben. Nach der Stunde war er so begeistert, dass er, einen Moment allein stand und dann selbständig zwei Schritte auf das Pferd zuging, um es zu streicheln. Vorher hatte er noch nie einen Schritt allein getan. Nicht nur Delphine, sondern auch Katzen können autistischen Kindern helfen, aus sich heraus zu gehen. Unser Kater hat eine alte Dame in der Nachbarschaft »adoptiert«. Er besucht sie täglich, und oft schläft er auf ihrem Schoß ein. Die alte Dame lebt allein und hat sich bei mir dafür bedankt, dass unser Kater ihre Lebensqualität so verbessert.

Diese Tiere, ob wir sie kennen oder nicht, verdienen es, energetisch unterstützt zu werden.

Reiki mit Pflanzen

»Liebe alles von Gottes Schöpfung, sowohl die Schöpfung insgesamt als auch jedes einzelne Sandkorn. Liebe jedes Blatt, jeden Strahl von Gottes Licht! Liebe die Tiere, liebe die Pflanzen, liebe alles. Dann wirst du das göttliche Geheimnis in allem erfahren.«

FJODOR M. DOSTOJEWSKI

Ich habe einen Hausgarten und einen Schrebergarten. Immer, wenn ich merke, dass ich unkonzentriert bin oder mich nicht geerdet fühle, gehe ich raus und arbeite im Garten. Vielleicht knipse ich verblühte Blüten ab oder jäte Unkraut, oder ich säe, ernte oder pflanze. Egal, was ich im Garten tue, es gibt mir Kraft und Frieden. Manchmal will ich in meinem Schrebergarten nur nach dem Rechten sehen, doch dann bleibe ich eine Stunde oder länger, vollkommen versunken in die Gartenarbeit, die für mich keine Arbeit ist.

Manchmal fragen mich Seminarteilnehmer, warum ich noch einen Schrebergarten habe, ob ich mit Beruf, zwei Kindern und Hausgarten nicht genug ausgelastet sei. Und dann sagen sie: »Das ist doch viel Arbeit.« Wenn ich meine Tätigkeit im Garten als Arbeit betrachten würde, wäre mir das auch wirklich zu viel. Aber für mich ist das keine Arbeit, sondern eine zutiefst befriedigende, meditative Beschäftigung, die mich mit der Natur und meinem eigenen Inneren in Kontakt bringt. Natürlich freue ich mich auch an den Blumen, an dem Gemüse und an den Früchten, die ich ernte. Aber auch ohne diese Ernteerzeugnisse finde ich Gartenarbeit zutiefst befriedigend.

Wie alle Lebewesen reagieren auch Pflanzen sehr positiv auf die Lichtenergie, die wir ihnen mit Reiki schenken. Sie wachsen besser, Gemüse und Obst schmeckt besser und wird früher reif, Blumen blühen länger und üppiger. Wer nur Zimmerpflanzen hat, kommt mit dem ersten Reiki-Grad aus. Wir können einzelne Pflanzen behandeln und auch das Gießwasser. Pflanzen behandeln wir, indem wir die Hände zunächst einige Minuten um die Wurzeln oder Blumenstiele halten und dann mit den Händen nach oben wandern zu den Blüten und Blättern. Nach einer solchen Behandlung blühen Topfblumen üppiger und Schnittblumen halten länger. Als neulich ein Mann wegen einer Reiki-Behandlung zu mir kam, meinte er mit Blick auf die üppig grünenden und blühenden Pflanzen auf meiner Fensterbank: »Das sieht ja bei Ihnen aus wie im Urwald. Fehlen nur noch Affen und Papageien.«

Wer einen Garten hat, sollte sich überlegen, den zweiten Grad zu machen, denn mit der Fernbehandlung können wir den ganzen Garten betreuen, egal, wie groß er ist. In meinen beiden Biogärten habe ich es mir zur Angewohnheit gemacht, Samen oder Pflanzkartoffeln ein paar Minuten in den Händen zu halten, bevor ich sie aussäe. Ich habe festgestellt, dass die Samen besser aufgehen, die Kartoffeln besser treiben und die Pflanzen widerstandsfähiger werden, wenn sie so früh wie möglich mit kosmischer Energie versorgt wurden. Gartenpflanzen oder Bäume können wir auch behandeln, indem wir die Hände um die Pflanze beziehungsweise den Baumstamm auf die Erde legen. Bei Bäumen sollten wir die Hände um den Stamm legen, um den Baum mit Energie zu versorgen.

Meine Gartennachbarn in der Schrebergartenanlage sind immer ganz erstaunt, wie früh ich Salat und Kohlrabi habe. Und oft habe ich so viel, dass ich Gemüse und Obst verschenke. Meine Birnbäume bekommen keinen Birnenrost – eine gefürchtete Krankheit – und Süßkirschen und Pfirsichbäume erkranken nicht an Monilia, der gefürchteten Kräuselkrankheit. Die meisten anderen Schrebergärtner spritzen Pflanzengift dagegen und haben trotzdem keine guten Erträge. In der gesamten Schrebergartenanlage mit mehr als 220 Parzellen bin ich die Einzige, die jedes Jahr eine beeindruckende Pfirsichernte hat.

In der Vegetationszeit schließe ich meine beiden Gärten mindestens einmal in der Woche in meine Fernbehandlungen ein. Im zweiten Grad lernt man, mehrere Personen oder Projekte gleichzeitig zu behandeln. Während ich im Garten bin, spreche ich – leise oder in Gedanken – mit meinen Pflanzen. Ich erkläre ihnen zum Beispiel, wann und warum sie umgepflanzt oder beschnitten werden müssen, und »überfalle« sie nicht einfach. Einigen meiner Obstbäume, zum

Beispiel dem Pfirsichbaum im Hausgarten, den ich von meinem Opa bekommen habe, und der Bergfeige, die jedes Jahr köstliche Früchte trägt, habe ich verschiedene Reiki-Grade gegeben. Und ab und zu bekommen meine Gärten eine »Lichtdusche«. Das ist eine Einstimmung, die man im IIIA-Grad lernt. Wenn ich den Schlauch in der Hand halte um zu bewässern, bekommt das Wasser, das hindurchfließt, die Energie aus meinen Händen. Zusätzlich stelle ich mir vor, dass das Wasser in Lichtspiralen fließt und in Spiralen in den Boden sickert. Über das Wasser in meinen beiden Regentonnen, mit dem ich im Sommer gezielt wässere, halte ich vor Gebrauch eine Weile die Hände.

Mein Opa ist 105 Jahre alt geworden und hat noch bis zu einem Jahr vor seinem Tod im Garten gearbeitet. Meine Großeltern haben sich hauptsächlich aus dem eigenen Garten ernährt, und kein Salat, der bei ihnen auf den Tisch kam, war älter als eine halbe Stunde. Erzeugnisse aus dem eigenen Garten sind ohnehin voller Lebenskraft und Vitalität. Wer dann noch mit Reiki arbeitet, optimiert das Ganze. Und Schädlinge? Ich habe zwar bei feuchter Witterung auch Nacktschnecken, aber sie sind bei mir aber nie zu einer Plage geworden, der eine ganze Ernte zum Opfer fiel. Das liegt meiner Ansicht nach daran, dass das Immunsystem meiner Pflanzen so stark ist, dass sie für Nacktschnecken unattraktiv sind. Schnecken sind eigentlich dazu da, abgestorbene, geschädigte und schwache Pflanzen zu eliminieren. Wer Grasschnitt auf einem Haufen liegen lässt, wird feststellen, dass der Haufen über Nacht zur Schneckenweide wird. An lebendigen Grashalmen sind Schnecken kaum interessiert. Wenn Pflanzen vor Gesundheit strotzen, werden sie von Schnecken gemieden.

Die Beschäftigung mit Pflanzen, ob drinnen oder draußen, ist für mich eine der schönsten Beschäftigungen, die es gibt. Die Farbe Grün nährt unser Herzchakra, und indem wir uns um etwas kümmern – ob Tier oder Pflanze –, entwickeln wir unser Herzzentrum.

Vom Job zur Berufung

»Wenn du berühmt wirst – gut, wenn nicht – auch gut. Das sollte nicht der Beweggrund sein. Der einzige Beweggrund sollte sein, dass du an allem Freude hast, was du tust – dass es eine Liebesaffäre für dich ist.«

Osho, »Kreativität. Die Befreiung der inneren Kraft«

Zu meinen Seminaren kommen viele, die mit ihrer Arbeit unzufrieden sind. 40 Prozent der Deutschen gehen am Montagmorgen mit unguten Gefühlen zur Arbeit. Das sind in meinen Augen 40 Prozent zu viel! Wer seine Arbeit langweilig oder nervend findet, kann kaum mit Meditation oder Reiki einen Ausgleich für diese acht Stunden Langeweile oder Stress schaffen. Das Universalgenie Walter Russell sagte: »Die unglücklichsten Leute auf der Welt sind die, denen ihre Arbeit keinen Spaß macht.« Er empfiehlt jungen Menschen, das zu ihrem Beruf zu machen, was sie lieben, auch wenn das Gehalt anfangs noch so niedrig ist. Der Erfolg wird sich automatisch einstellen, wenn wir etwas tun, wovon wir begeistert sind. Walter Russell gab zu: »Alles, was ich hervorgebracht habe, wurde zusammen mit Gott erschaffen in jener geistigen Ekstase, die Gottes unwandelbares Wesen ist.« Er zählt Genies wie Enrico Caruso, George Gershwin und Thomas A. Edison auf, und stellt fest: »Sie haben ihr Genie durch ihr Zusammenwirken mit Gott entfaltet. In ihrem Einssein mit der Quelle wurden sie unempfänglich für Müdigkeit, und ihre innere Bewusstheit wird an ihrer anscheinend grenzenlosen persönlichen Kraft zur erfolgreichen Arbeit deutlich.« (Walter Russell, *Das Genie steckt in jedem*)

Der in meinen Augen geniale Neurologe Professor Manfred Spitzer hat festgestellt, dass schon im Kindergarten die Weichen für unseren späteren Schulerfolg gestellt werden. Wie lange jemand in den Kindergarten geht, entscheidet darüber, wie gut er mit 15 in der Schule ist. Aus neurologischer Sicht ist es absurd, dass das Universitätsstudium kostenlos ist, während Kindergärten etwas kosten. Mozart war zwar ein Genie, aber er bekam ab dem dritten Lebensjahr eine intensive frühkindliche Förderung von seinem Vater, und zwar mehrere Stunden täglich. Mozart hat seine Zeit nicht mit Nintendo, Computerspielen und Fernsehen »verdaddelt«. Spitzer wendet sich gegen durch exzessiven Bildschirmkonsum »vermüllte Köpfe«, weil sie unsere Existenz genauso bedrohen wie vermüllte Landschaften. Nur wer sich die Zeit nimmt, aus seinen Anlagen heraus Interessen zu entwickeln, wird letztlich ein zufriedener Mensch. Wer seine Anlagen nicht auslebt und sich nicht verwirklicht, wird nach Spitzer ein »verkorkster Mensch«. Wer hingegen sein Potenzial auslebt, wird ein zufriedener Mensch.

Der erfolgreiche Radiomoderator John Ment von »Radio Hamburg«, der die Morning-Show zur beliebtesten Sendung in Hamburg und Umgebung gemacht hat, gab Schülern ein Interview. Darin sagte er: »Wenn du deine Arbeit liebst, musst du nie wieder arbeiten.« Diese Lebensweisheit finde ich genial. Es ist sicherlich nicht jedermanns Sache, jeden Morgen um halb vier Uhr aufzustehen. Für Ment ist das ganz einfach. Sein Tipp für angehende Moderatoren einer Morning-Show und allgemein für Morgenmuffel ist: Komm jeden Morgen mit guter Laune. »Wenn man mit den Zuhörern spricht, sollte man sich vorstellen, man sei frisch verliebt und die Angebetete würde ganz genau an diesem Morgen das erste Mal die Sendung hören.« (»Hamburger Abendblatt« vom 15. 12. 2006) Ein besonderer Lehrer, der auch Darstellendes Spiel unterrichtete, hat Ments Berufswunsch beeinflusst. Von Zuhause musikalisch geprägt, war für Ment immer klar, dass Musik und Schauspielern zusammengehört.

Was ist der ideale Beruf für dich? Ein Hinweis: Mache dein Hobby zum Beruf. Versuche das, was du so gern tust, dass du darüber die Zeit vergisst, in eine berufliche Tätigkeit umzuwandeln. Wenn du einen Beruf hast, den du so gern ausübst, dass du auch bereit bist, für weniger Geld zu arbeiten, brauchst du dir über die finanzielle Seite keine Gedanken machen. Dann bist du nämlich voller Enthusiasmus, das heißt: von göttlicher Energie beseelt. Wenn du eine Tätigkeit jedoch nur »um des lieben Geldes willen« ausübst, wirst du nie großen Erfolg haben. Warum? Weil du dich nicht zu 100 Prozent einbringst, und weil du nur das bekommst, was du gibst.

Wenn du mit deiner Arbeit unglücklich bist, handle nach dem Motto: »Love it or leave it.« Investiere noch einmal 100 Prozent deiner Aufmerksamkeit, Liebe und Energie und sage deine Meinung. Oder versuche, die Situation zu ändern. Und wenn das nichts bringt, weil der Chef immer noch cholerisch ist und du immer noch gemobbt wirst, kündige. Auf jeden Fall: Übernimm Verantwortung für dein Leben. »Gib dem Unglück kein Zuhause in dir« (Eckhart Tolle), denn das würde dich über kurz oder lang krank machen. In *Ein Kurs in Wundern* heißt es, dass du immer, wenn du unglücklich bist, glaubst, das Unglücklichsein verschaffe dir das, was du haben willst. Doch das funktioniert nie.

In der Findhorn-Gemeinschaft in Schottland sagt man: »Work is love in action« (Arbeit ist gelebte Liebe). Wenn du mit ganzem Herzen bei einer Tätigkeit bist, wird alles zur

Meditation. Es heißt ja auch: »Vor der Erleuchtung Wasser tragen und Holz hacken, nach der Erleuchtung Wasser tragen und Holz hacken.« Wenn wir uns auf das Hier und Jetzt einlassen, ergießt sich die Freude des Seins in alles, was wir tun. Das Wie ist immer wichtiger als das Was.

Torsten Brügge fragt in seinem Buch *Wunschlos glücklich*: »Wie wäre es, wenn wir den Abwasch erledigen würden, ohne dass der Gedanke ›wie lästig‹ Gewicht hätte? ... Wie wäre es, wenn unser Verstand mit seinen Schnellurteilen wie ›das ist banal, primitiv, langweilig, kenne ich schon‹ innehält? ... Wir erkennen: Spirituelle Tiefe wird uns in der gewöhnlichsten Erfahrung offenbar.«

Vielleicht musst du deine Tätigkeit gar nicht ändern, sondern nur die Art, wie du sie ausübst. Achte nicht auf die Früchte deiner Arbeit, sondern schenke der Handlung selbst volle Beachtung. Das wird in der *Bhagavad Gita* Karma Yoga, der »Pfad der geweihten Handlung« genannt. Ein solches Handeln wird nicht von den Zu- und Abneigungen eines persönlichen Selbst beherrscht und ist nicht an das Erreichen bestimmter Ziele gebunden. Wenn du erkennst, dass du auf einer tiefen Ebene bereits vollkommen bist, hast du kein krankhaftes Bedürfnis nach Anerkennung mehr und versuchst auch nicht mehr zwanghaft, etwas zu »werden«. Aus diesem Seinszustand heraus wird es dir nicht gelingen, nicht erfolgreich sein! Es ist wichtig, dass das, was du tust, nicht vorrangig einem bestimmten Zweck wie Geldverdienen oder Anerkennung dient, sondern »in sich selbst eine

Erfüllung und von Freude und Lebendigkeit durchdrungen ist«. (Eckhart Tolle)

Mit Reiki kommen wir mehr und mehr in Kontakt mit unseren wirklichen Bedürfnissen und gewinnen mehr Selbstbewusstsein. Viele Menschen haben sich schon nach dem ersten Grad selbstständig gemacht, weil sie erkannten, dass es keinen Chef gibt, der alle ihre Talente kennt und fördert. Weil sie alles, was sie tun, mit Sorgfalt, Liebe und Enthusiasmus tun, sind sie in der Regel auch auf den äußeren Ebenen sehr erfolgreich. Eine Teilnehmerin hat nach dem zweiten Grad in einer strukturschwachen Gegend Mecklenburg-Vorpommerns einen ganzheitlichen Gesundheitsladen aufgemacht, in dem sie AFA-Algen, Wasserreinigungsgeräte, Himalaja-Salz und Gerstengrasprodukte verkauft, aber auch Reiki-Behandlungen anbietet. Entgegen aller düsteren Prophezeiungen aus ihrer Umgebung hat sie damit Erfolg, weil sie mit Begeisterung dabei ist und diese Begeisterung auch ausstrahlt. »Wahre Meister haben eine Wahl getroffen, ein Leben zu schaffen, nicht, einen Lebensunterhalt zu verdienen.« (Neale Donald Walsch)

Du musst deine Bestimmung finden, indem du herausfindest, was dir liegt und was nicht. Nicht jeder kann alles können, doch der Mensch hat ein riesiges Potenzial. Mit jedem Schritt öffnen sich neue Türen, gibt es neue Alternativen. Osho tröstet: »Wenn du dein Leben liebst, wirst du in der Lage sein, es zu finden.« Wer seine Bestimmung gefunden hat, wird reichlich belohnt. Er ist am Ende seines Lebens ungeheuer erfüllt, weil sein Leben einen inneren Wert gehabt hat.

Ab dem zweiten Grad können wir Energie auf das Thema »mein idealer Beruf« ausrichten und lassen dann einfach unser Höheres Selbst für uns arbeiten. Wenn wir im Moment arbeitslos sind, freuen wir uns über diese kreative Pause. Es ist unrealistisch zu hoffen, dass der Mitarbeiter im Arbeitsamt, der durchschnittlich 660 Fälle zu betreuen hat, unseren idealen Beruf herausfindet. Das müssen wir schon selbst tun, und zwar mithilfe unseres »inneren Meisters«. Wenn wir unseren idealen Beruf gefunden haben, können wir die Fernbehandlung einsetzen, damit wir ihn möglichst bald ausüben dürfen.

Immer mehr Menschen erfahren die Begrenzungen der Form und erweitern ihr Bewusstsein, statt zu leiden. Manche werden Heiler oder spirituelle Lehrer, andere engagieren sich ehrenamtlich oder machen der Welt durch ihre Kreativität Geschenke. Kein Wunder, dass sich mehr und mehr Menschen für den Beruf des Reiki-Lehrers interessieren. Ich habe nicht eine Minute bereut, meinen sicheren Job an der Universität aufgegeben und diesen Weg eingeschlagen zu haben. In meinen Vorträgen und Seminaren fühle ich mich von einer unsichtbaren Kraft unterstützt. Als Reiki-Lehrerin bade ich in einer Energie der Liebe, des Lichts und der Dankbarkeit. Für mich gibt es nichts Schöneres, als Menschen zu effektiven Lichtarbeitern auszubilden, die ständig weiter intensiv an ihrer Ausstrahlung arbeiten und damit einen Beitrag zur notwendigen Transformation des Bewusstseins auf diesem Planeten leisten.

Reiki und ganzheitliche Gesundheit

»Wo Gesundheit fehlt,
kann Weisheit nicht geoffenbart werden.
Kunst kann keinen Ausdruck finden.
Stärke kann nicht kämpfen.
Reichtum wird wertlos.
Klugheit kann nicht angewandt werden.«

HEROPHILUS, 300 V. CHR.

Die riesige Schlagzeile auf dem Titelblatt der Schweizer Tageszeitung »Blick« vom 21. Oktober 2006 lautete: »Hilfe! Wir sterben wieder früher. Jetzt sinkt die Lebenserwartung.« Jahrzehntelang wurden die Schweizer immer älter. Doch damit ist es vorbei. Immer mehr Schweizer führen ein Leben, das krank macht. Sie leiden unter Fettsucht, Bluthochdruck und Stress. Die Experten vom Bundesamt für Gesundheit (BAG) in Bern schlagen Alarm, und Professor Thomas Abel von der Universität Bern schreibt: »Während in den letzten Jahrzehnten mit einem Anstieg der Lebenserwartung der Bevölkerung gerechnet werden konnte, muss heute eine Trendwende befürchtet werden.« Künftige Generationen werden vermutlich weniger alt als wir. Wird ein heute lebender Schweizer im Durchschnitt 78 Jahre alt, sinkt die Lebenserwartung eines Menschen, der 2220 geboren wird, auf 74 Jahre. Das entspricht dem Stand von 1995. Der Hauptgrund: Die Schweizer Kinder werden immer dicker. Sie essen zu viel Fett, zu viel Zucker, bewegen sich zu wenig, und dazu kommt der Stress im Alltag, in der Schule und im Beruf.

Dieser Trend ist auch in anderen Industrienationen zu beobachten. Was tun? Gegen steigende Gesundheitskosten und sinkende Lebenserwartung gibt es nur ein Mittel: Prävention. Alle Beteiligten müssen sich bemühen, Zivilisationskrankheiten wie Fettsucht und Alkoholmissbrauch zu bekämpfen, bevor sie entstehen. Auf diesem Gebiet ist die Schweiz noch »ein Entwicklungsland« (BAG-Chef Thomas Zeltner), aber andere Länder wie Deutschland stehen auch nicht viel besser da. Unverständlich, wenn man sich überlegt, dass ein Euro Kosten für Prävention sieben Euro für Therapie spart.

Reiki ist das ideale Mittel, um nicht krank zu werden und lange zu leben, und zwar mit hoher Lebensqualität. Es ist ein individuelles Gesundheitssystem nicht nur zur Heilung, sondern auch zur Vorbeugung von Krankheiten. Daher werden auch immer mehr Reiki-Kurse von den Krankenkassen bezuschusst. Reiki baut Stress ab und befähigt uns, mit stressenden Situationen besser klarzukommen. Außerdem führt es zu mehr Selbstbewusstsein, innerem Frieden und

Glück, stärkt das Immunsystem und aktiviert die Selbstheilungskräfte. Wenn wir Reiki praktizieren, werden wir von allein, nämlich von innen heraus, zu gesünderer Kost tendieren und eine nie erlebte Bewegungsfreude entdecken.

Bevor ich Reiki kennenlernte, war ich ein *Couch Potato*, wie die Amerikaner sagen. Das heißt, ich bewegte mich nicht ohne Notwendigkeit. Im Abiturzeugnis hatte ich eine Drei in Sport, und das war für mich der untrügliche Beweis, dass ich unsportlich sein müsse. Für Jogger hatte ich damals nur ein mitleidiges Lächeln übrig. Heute bin ich richtig sportlich geworden. Ich praktiziere täglich die »Fünf Tibeter«, jogge fast jeden Tag und mache alternativ Nordic Walking. Körperliche Bewegung wurde mir von innen heraus zum Bedürfnis.

Seit ich täglich Reiki praktiziere, ernähre ich mich auch viel gesünder als früher. Meine Ernährung ist vegetarisch aus Bio-Anbau mit einem hohen Anteil an Frischkost. Bei 1,72 Meter Körpergröße wiege ich 56 Kilo. Das ist mein Idealgewicht. Unsere Lebensmittel enthalten heutzutage nicht mehr alle Vitalstoffe in der Konzentration, die wir für ein vitales Leben benötigen. Künstliche, isolierte Vitalstoffe aus dem Chemielabor schaden mehr als dass sie nützen. Daher nehme ich natürliche Nahrungsergänzungsmittel: ein Gerstengraspulver (Jade GreenZymes) und fürs Gehirn – Gedächtnis, Konzentration, gute Stimmung – die wild wachsende AFA-Alge. Außerdem trinke ich jede Menge stilles – gereinigtes und energetisiertes – Wasser. Was ich sehr angenehm finde: Mein Schlafbedürfnis hat sich dank Reiki von neun bis zehn auf fünf bis sechs Stunden reduziert. Damit habe ich genug Zeit für alle meine Projekte.

Mit Reiki ist es möglich, die Lebensqualität bis ins hohe Alter zu erhalten. Das habe ich bei meinem Opa erlebt, der in guter körperlicher und seelischer Verfassung 105 Jahre alt wurde und nicht an irgendeiner Krankheit, sondern an Altersschwäche gestorben ist. Er hatte selbst den zweiten Reiki-Grad, und meine Schwester und ich haben ihm in den letzten Jahren seines Lebens fast täglich ein »Lichtpaket« geschickt, das heißt, eine Fernbehandlung. Mein Opa hat sich mit 95 Jahren eine Joggingstrecke auf seinem riesigen Grundstück eingerichtet und ist dort mit dem Nachbarshund um die Wette gelaufen. Bis fast zuletzt hat er täglich die »Hannoversche Allgemeine« gelesen, über Politik diskutiert, in seinem großen Garten gearbeitet, Niederschlag und Temperatur gemessen und seine Wetteraufzeichnungen gemacht. So stelle ich mir *happy aging* vor, glückliches Altwerden.

Reiki kann uns auch die Erfahrung vermitteln, dass wirklicher Frieden nicht vom Zustand des Körpers abhängig ist. Die Identifikation mit der körperlichen Ebene wird gelockert, und wir erkennen, dass wir nicht Körper sind, sondern einen Körper haben. »Das Leiden entsteht durch den Glauben an Gedankenmuster, die uns vormachen, dass uns etwas mangelt.« (Torsten Brügge) Ein Mensch, der Reiki macht oder meditiert, schult sich darin, Beobachter zu bleiben, egal, ob sein Körper gesund oder krank ist. Buddha litt sechs Monate an einer Lebensmittelvergiftung, bevor er daran starb. Es heißt nicht, dass diese Krankheit ihm keine Schmerzen bereitete, aber der Schmerz störte die Bewusstheit in seinem Inneren nicht. Der Körper leidet, aber es kommt zu keiner Identifikation. Das ist das Wunder (vgl. Osho, *Das Buch der Heilung*, Seite 438).

Und schließlich verlieren wir mit Reiki nach und nach die Angst vor dem Tod, weil wir erkennen, dass das Wesentliche unsterblich ist. Auch diese Erkenntnis verbessert unsere Lebensqualität im Alter, denn erst wenn wir keine Angst mehr vor dem Tod haben, können wir unser Leben in jeder Lebensphase wirklich genießen. Wenn wir ständig Angst haben, etwas zu verlieren, gehört es uns nicht wirklich. Dies gilt natürlich auch für Materielles. Erst wenn wir bereit sind es hinzugeben, werden wir zu Besitzern. Geizhälse – ob sie nun mit Geld oder Liebe geizen – sind arm dran.

Auch wenn die westliche Medizin ein mechanistisches Bild vom Menschen hat, sind wir keine Maschine, sondern multidimensionale spirituelle Wesen. Es reicht daher nicht, einen kranken Körperteil zu behandeln, weil der kranke Teil nur zeigt, dass es Probleme im Gesamtorganismus gibt. Ist ein Symptom weg, kann ein anderes an seine Stelle treten. Gesundheit ist nicht die Abwesenheit von Krankheit, sondern ein bestimmtes Wohlbefinden, ein Einssein mit der Existenz.

Die eigene Unsterblichkeit zu erkennen, bedeutet eine große Freiheit – von Tod, Krankheit und Alter. Unser wahres Selbst bleibt unberührt von den Erscheinungen, die kommen und gehen. Wir haben eine »innere Gesundheit«, die nur darauf wartet, entdeckt zu werden. Osho nennt vier Äußerungen jener wahren Gesundheit in unserem Innern: wach sein, harmonisch sein, ekstatisch sein und mitfühlend sein. Meditation oder Reiki als eine Meditationsform kann alle vier Bedingungen erfüllen. Ekstase ist die höchste Freude, und Mitgefühl stellt sich ganz von selbst ein. Forscher des Max-Planck-Instituts haben herausgefunden, dass sich schon 18 Monate alte Kleinkinder hilfsbereit und selbstlos verhalten, ohne einen persönlichen Vorteil zu erwarten. Diese Güte ist vielen Erwachsenen abhanden gekommen (vgl. Artikel »Gedanken über die Tatsache, dass Babys gerne Leuten helfen« in: »Die Neue Epoche« Nr. 46 vom 17. 1. 2006).

Schon Paracelsus forderte, den Begriff »Gesundheit« positiv zu definieren. Er sagte: »Solange wir den Zustand innerer Harmonie nicht kennen, können wir euch höchstens von eurer Krankheit befreien – doch die Quelle eurer Gesundheit ist innere Harmonie. Wenn wir euch aber von der einen Krankheit befreit haben, werdet ihr sogleich eine andere bekommen, denn in Bezug auf eure innere Harmonie ist nichts geschehen. Tatsächlich ist es notwendig, eure innere Harmonie zu unterstützen.« Konfuzius hatte die Idee, Ärzte dafür zu bezahlen, dass sie ihre Patienten gesund erhalten, und nicht fürs Kurieren. Wenn der Arzt nämlich dafür bezahlt wird, dass er dich kuriert, hat er ein Interesse daran, dass du krank bleibst. Je öfter du krank bist, desto besser, und je mehr Menschen krank sind, umso besser. Im alten China war es so, dass der Arzt alle Medikamente bezahlen musste und auch für alle anderen Ausgaben zuständig war, wenn sein Patient krank wurde. Außerdem reduzierte sich sein Einkommen, denn er hatte sich offensichtlich nicht genug um seinen Patienten gekümmert. Das funktionierte jahrhundertelang, und beide Seiten waren zufrieden.

Es ist auch heutzutage möglich, gesund zu leben. Und mehr noch: Strahlende Gesundheit ist in meinen Augen unser Geburtsrecht. Wir müssen es nur beanspruchen – und etwas dafür tun. Gesundheit gibt es nicht im Handel, sie wird erkämpft durch Lebenswandel! Reiki wirkt ganzheitlich, auf allen Ebenen und ursächlich. Wir werden mit der Zeit buchstäblich zu einem neuen Menschen, der nicht zuletzt auch Ur- und Gottvertrauen hat, wie es in den Worten von Dietrich Bonhoeffer so wunderschön zum Ausdruck kommt:

»Von guten Mächten wunderbar geborgen
erwarten wir getrost, was kommen mag.
Gott ist bei uns am Abend und am Morgen,
und ganz gewiss an jedem neuen Tag.«

Erfahrungen mit den sieben Graden und den Lehrergraden

»Man muss nicht krank werden,
um geheilt zu werden.
Man kann geheilt werden, noch bevor
man von irgendeiner Krankheit weiß.«

Osho, »Das Buch der Heilung«

Erster Grad

Der Mann von Ella J. aus Hamburg sitzt seit einem Schlaganfall im Rollstuhl. Dadurch war er mit der Zeit immer ungnädiger geworden und bekam mindestens einmal am Tag einen lautstarken Wutanfall. Ella gab ihrem Mann noch am ersten Seminartag eine Behandlung – und das Unglaubliche geschah: Fortan war er wieder ganz der Alte: freundlich, liebevoll, zufrieden. Die Nachbarn fragten sie unter vier Augen, ob ihr Mann jetzt Tranquilizer – Psychopharmaka – bekäme.

Cornelia S. aus Hannover schreibt: »Wir haben eine Firma mit neun Angestellten. Vor Weihnachten haben wir immer übermenschlich viel zu tun, und meine Nerven lagen in der Zeit immer blank. Mit den Jahren wurde es immer schlimmer, und ich war regelmäßig ›pieksig‹ bis depressiv. Dieses Mal – nach dem ersten Grad – habe ich eisern durchgehalten und mir jeden Morgen in aller Herrgottsfrühe eine Ganzbehandlung gegeben. Unsere Angestellten konnten es nicht fassen. Ich ließ mich nicht aus der Ruhe bringen und bewältigte alle Situationen heiter und gelassen. Einmal hatte ein Mitarbeiter einen Großkunden von uns beleidigt. Normalerweise wäre ich ausgeflippt, aber nun reagierte ich ganz gelassen und doch klar. Jetzt weiß ich: Ich werde nie wieder so ausflippen wie früher. Auch mein Mann findet, dass ich ein neuer Mensch geworden bin. Er weiß zwar nicht genau, worum es bei Reiki geht, sagt aber, ich solle das auf jeden Fall weitermachen, weil es mir guttut.«

Laura, die Nichte meiner Berliner Organisatorin, erfuhr in der 11. Schwangerschaftswoche, dass ihr Kind mit einer offenen Bauchspalte geboren werden würde. »Die Eltern entschieden sich für das Kind. Als sie im 6. Monat schwanger war, bekam Laura den ersten Grad. Wann immer Laura die Hände auf ihren Bauch legte oder auch die Oma oder Lauras Cousine oder ich selbst – alle haben mindestens einen Reikigrad –, reagierte der Kleine, indem er ruhig wurde und sich von innen gegen die Hände stemmte. Auch während und nach seiner Kaiserschnitt-Geburt bekam der Kleine jede Menge Reiki, direkt und aus der Ferne. Von der Operation, die direkt nach der Geburt stattfand, erholte sich Jonas erstaunlich schnell. Schon am fünften Tag danach (üblich ist der 10. Tag) konnte er Nahrung zu sich nehmen: erst Glukose, dann Tee, dann Muttermilch. Die Mutter hat sich schon im Krankenhaus angewöhnt, ihren kleinen Sohn möglichst direkt am Körper zu tragen. So bekommt er fast unaufhörlich Reiki. Jonas wurde trotz der Operation schon einen Monat nach seiner Geburt entlassen, also zu seinem eigentlichen Geburtstermin. Das ist angesichts der Schwere der Operation absolut ungewöhnlich. Es ist unglaublich, wie viel Reiki bewirken kann.« Die Tochter meiner Organisatorin ist gerade in Indien. Dort hat sie Malaria bekommen, weil die dortigen Malaria-Erreger gegen ihre Art der Prophylaxe resistent sind. »Sie hat die Malaria gut überstanden, und es ist nichts weiter zurückgeblieben. Glück oder Reiki?«

Zweiter Grad

Bettina W. aus Hamburg: »Ich erlebe mehr Gelassenheit in Situationen, die mich früher aus dem Lot gebracht hätten. Fremde Menschen reagieren oft sehr freundlich auf mich. Ich bin unternehmungslustiger geworden. Außerdem lasse ich mich durch Bemerkungen, die andere Menschen über mich machen, immer weniger verunsichern. Das war früher ein Problem. Jetzt ruhe ich mehr in mir, und negative Stimmungen halten nicht lange an.«

Berta Jamischtkow: »Seit der Einstimmung in den zweiten Grad bin ich wesentlich gelassener und aufgeschlossener und traue mir viel mehr zu. Bei Fernbehandlungen fühle ich oft, wo Menschen Probleme haben. Am liebsten behandle ich mich selbst direkt, während ich bedürftigen Menschen Fernbehandlungen gebe. Auch mein Mann, der ungewöhnlichen Methoden gegenüber normalerweise skeptisch ist, ist inzwischen überzeugt.«

Elli Hoyer: »Meine Nichte Marion, 37, Mutter von zwei Kleinkindern, hatte ihre erste Stelle als Lehrerin angetreten. Wenn sie nach Hause kam, kümmerte sie sich um die Kinder. Dann bereitete sie den Unterricht vor und korrigierte Arbeiten, oft die halbe Nacht durch. Sie schlief kaum noch, war ständig kaputt und bekam dann auch noch eine Ehekrise. Ich schickte ihr jeden Morgen Reiki. Als ich sie nach ein paar Wochen wiedersah, war Marion wie ausgewechselt. Ihre Augen leuchteten wieder. Sie fühlte sich gut. In der Zwischenzeit hatte sie die Entscheidung getroffen, von Harsefeld nach Hamburg zu ziehen. Anders als in Niedersachsen hat sie in Hamburg die Möglichkeit, auch stundenweise zu arbeiten.

Einer alten Schulfreundin ging es schlecht. Sie hatte Depressionen, Ängste und eine extreme Blasenschwäche: Alle zehn Minuten musste sie aufs WC. Ich schickte ihr Reiki. Die Blasenschwäche war bald weg, und auch sonst tat Reiki ihr sehr gut.«

Anna Sch. aus Hamburg schreibt: »Mein Bruder war im Januar mit einer schweren Darmentzündung im Krankenhaus, und ich konnte ihm helfen, indem ich ihm jeden Morgen eine Fernbehandlung schickte. Er wusste nichts davon, erzählte uns aber jeden Tag von erstaunlich positiven Gesprächen, Hilfen und Fügungen, die er erlebte.«

Der folgende Bericht handelt von einer erfolgreichen Gruppenfernbehandlung, an der mindestens fünf Personen beteiligt waren, die den zweiten Reiki-Grad haben. Eine davon ist Angela Rats, meine Organisatorin in Bremerhaven und Matrose auf der »Alexander von Humboldt«, einem alten Segelschiff. Sie erzählte mir: »Eine Freundin, Ilka, fiel aus ca. zehn Meter Höhe vom Mast des Segelbootes. Es war Windstärke 6. Sie schlug im Fallen mit dem Kopf auf den Rumpf des Bootes auf und fiel ins Wasser. Ohnmächtig trieb sie mit dem Kopf im Wasser, bis sie nach etwa zehn Minuten mit dem Beiboot gerettet werden konnte. Sie wurde wiederbelebt und mit einem Hubschrauber in ein Krankenhaus nach Newcastle geflogen. Die ganze Zeit richteten mein Lebenspartner, der auch auf dem Schiff war, und ich Energie aus. Per Handy benachrichtigte ich andere Zweite Gradler und bat sie um Unterstützung. Bei dem Unfall hatte sich Ilka beide Unterarme und die Hüfte gebrochen. Ein Lendenwirbel war angebrochen und ein Lungenflügel war gequetscht worden. Am Kopf hatte sie mehrere schwere Prellungen davongetragen. Nachdem sie drei Tage später kurzfristig aus dem künstlichen Koma geholt worden war, reagierte sie positiv auf die Ansprache der Ärzte, womit diese nicht gerechnet hatten. Sie sprachen von einem Wunder. Nach etwa einer Woche war sie so gut wiederhergestellt, dass sie selbstständig telefonieren konnte. Jetzt, nach etwa vier Monaten, hat sie keine erkennbaren Schäden zurückbehalten und geht wieder ihrer gewohnten Arbeit nach. Für uns, die wir das miterlebt haben, ist das Ganze ein Wunder – ein Reiki-Wunder!«

Die künstlerische Direktorin der erfolgreichen Musical-Produktionen »Cats« und »Phantom der Oper« in Hamburg gestaltet mithilfe von Zweiter-Grad-Reikitechniken schwierige Verhandlungen harmonisch und unterstützt ihre sensiblen Stars bei Proben und Aufführungen mit kosmischen Symbolen. Doch am wichtigsten ist ihr der spirituelle Impuls. Sie sagt: »Das Göttliche in uns wird stärker geweckt und bewusster. Wir lassen diese Energien freier fließen. Wenn ich mithilfe von Reiki heil, das heißt ganz werde und in Verbindung mit meinem göttlichen Ursprung komme, trage ich automatisch Heil und Segen nach draußen.« Sie geht mit Reiki anders durchs Leben als vorher und nimmt Probleme und Pannen nicht mehr tragisch, sondern reagiert mit Gelassenheit und Humor darauf. Die Tradition der Reiki-Weitergabe vergleicht sie mit der Speisung der Zehntausend: »Aus gesegneter Hand wird das Brot weitergegeben. Jeder bekommt einen Teil des Segens, und dabei vermehrt es sich.« Sie sagt: »Das Erstaunliche an Reiki ist für mich der Bewusstseinsschub, den die meisten Menschen fast sofort erleben.«

Dritter Grad

Yvonne C. aus Berlin: »Der dritte Grad hat bei mir einen Bewusstseinssprung ausgelöst. Ich habe endlich längst fällige Gespräche mit meinem Chef und meinem Partner führen können. Ergebnis: Ich habe einen neuen Arbeitsbereich und eine Gehaltserhöhung bekommen. Früher hätte ich das Thema gar nicht angesprochen, sondern nur still gehofft, dass sich die Situation von allein ändert. Meinem Partner habe ich gesagt, dass ich mich von ihm trennen werde, wenn er nicht aufhört, mich mit Schweigen und Liebesentzug zu ›bestrafen‹, sobald ihm etwas an mir nicht passt. Ich hatte schon mit Trennung gerechnet. Jetzt ist unsere Beziehung viel tiefer als vorher. Ich weiß, dass ich auch allein zurechtkomme, und dadurch bin ich viel freier und selbstbewusster geworden.«

Thomas Pulst aus Bremen hat den IIIA-Grad und besuchte öfters einen Reiterhof, um Erfahrungen mit dem dritten Grad zu sammeln. Eines Tages war die Reitlehrerin niedergeschlagen und traurig. »Sie berichtete mir, dass ein Fohlen schwer erkrankt war. In der Nacht war schon der Tierarzt da gewesen und hatte nichts ausrichten können. Sie erklärte mir, das Fohlen komme von selbst nicht mehr auf die Beine und könne daher keine Milch bei der Mutter trinken. Heute oder spätestens morgen würde es vor Entkräftung einschlafen. ›Komm, lass es uns versuchen‹, sagte ich zu ihr, ›vielleicht kann ich helfen!‹ Als wir auf die Weide kamen, lag das Fohlen ganz apathisch da, und die Mutter weidete in der Nähe. Während die Reitlehrerin die Stute beruhigte, trat ich ganz vorsichtig an das Fohlen heran, kniete mich neben es und legte die Hände auf den vorderen Rücken bis zum Hals beziehungsweise Kopf auf. Nach kurzer Behandlung kam das Fohlen überraschenderweise vorn langsam hoch. Ich wanderte mit den Händen zum hinteren Rücken, und nach kurzer Zeit schaffte es das Fohlen aufzustehen. Mit wackligen Beinen, unsicher, stolperte es zur Mutter und fing an zu trinken! Wir beide zogen uns sofort zurück, um nicht zu stören, denn nach unserer Ansicht machte die Natur jetzt alles Weitere von selbst. Die Reitlehrerin hatte Tränen in den Augen, und für mich war es ein persönliches Schlüsselerlebnis mit Reiki. Damit war ich endgültig im dritten Grad angekommen.«

Thomas Pulst berichtet noch von einem anderen beeindruckenden Erlebnis mit einem Tier. Er hatte den Kater seines Bruders für ein Vierteljahr in Pflege. »Meine kleine Nichte ist krank geworden, und man wollte ausprobieren, ob es irgendwie mit dem Kater zusammenhing. Der Kater wollte unbedingt raus und zerfetzte die Wohnzimmergardine und die Tapete im Flur, um seiner Forderung Nachdruck zu verleihen.« Als Thomas Pulst ihm den Gang nach draußen verwehrte – er wohnt an einer Bundesstraße –, ging der Kater in Hungerstreik. »Er verlor an Kraft, und sein Immunsystem war dadurch geschwächt. Er fing sich einen Katzenschnupfen ein, eine gefährliche Krankheit. Seine Körpertemperatur war schon gesunken, und er fühlte sich ganz kalt an. Normalerweise müsste man jetzt zum Tierarzt gehen, was ich auch mit meinem früheren Kater getan hatte. Dieses Mal zog ich eine andere Lösung vor. Ich schnappte mir den Kater, legte ihn auf meine Behandlungsliege und fing mit einer Reiki-Behandlung an. Nach einigen Versuchen, sich zu befreien, was ich nicht zuließ, ergab er sich in seine Lage. Ich habe ihn eine halbe Stunde behandelt. Wenn ich weitergemacht hätte, hätte sein Fellchen wohl angefangen zu glühen. Mir war bewusst, dass ihm das gutgetan hat, aber er blieb liegen und würdigte mich keines Blickes. Am anderen Morgen war sein Fressnapf leer, nicht nur leer, sondern geputzt! Diese Runde ging an mich. Derselbe Ablauf wiederholte sich noch einmal: nicht fressen, Katzenschnupfen und meine Spezialbehandlung für ihn. Dann hatte er begriffen, dass sein Protest nichts nutzte. Wir kamen wieder gut miteinander aus. Meiner Nichte habe ich den Kater wohlbehalten übergeben. Die Gardine ist inzwischen neu.«

Siegrid U. aus Ulm: »Mit dem dritten Grad hat es endlich aufgehört, dass andere Menschen mir Energie abziehen. Das war vorher ein großes Problem für mich. Ich arbeite an der Rezeption eines Hotels, und oft kommen Gäste mit Beschwerden zu mir oder sind einfach unfreundlich. Früher hat mich das mitgenommen. Seit ich den zweiten Grad habe, ging es schon viel besser. Jetzt merke ich oft noch nicht mal, wenn Menschen aggressiv oder depressiv sind, und

Kolleginnen müssen mich erst aufmerksam darauf machen. Es ist ein tolles Gefühl, wie eine kleine Sonne Licht und Liebe auszustrahlen und damit vielleicht auch bei anderen ein kleines Licht anzuzünden.«

Vierter Grad

Barbara K. aus Lübeck: »Seit der Einstimmung in den vierten Grad beobachte ich an mir, dass ich neuen Lebenssituationen gegenüber gelassener bin. Es fällt mir leichter, mich ohne Ängste im Strom des Lebens treiben zu lassen. Ich erlebe die wachsende Kraft meiner Gedanken, sich zu manifestieren. Ich werde außerdem meinen eigenen und den Fehlern anderer gegenüber verzeihender.«

Katja S. aus Nürnberg: »Immer mehr erfahre ich, dass ich Liebe bin, ohne etwas tun zu müssen. Allein meine Anwesenheit ist ein Geschenk. Ich sehe immer mehr die Liebe in mir und in anderen. Und wenn ich etwas als lieb-los erlebe, erkenne ich: Aggressionen sind ein Schrei nach Liebe. Depressionen sind gegen sich selbst gerichtete Aggressionen. Ich erkenne: Alles ist letztlich Liebe. Die Sehnsucht nach Liebe kommt nur daher, dass wir vergessen haben, wer wir sind: bedingungslose Liebe.«

Wolfgang J. aus Celle: »Als ich nach dem vierten Grad im Wald spazieren ging, war plötzlich alles ein Ausdruck der Liebe Gottes: das Zwitschern der Vögel, die sprießenden Blätter, sogar der plötzlich einsetzende Regen. Alles war wie verzaubert und hatte ein inneres Leuchten. Solche Erlebnisse habe ich jetzt immer öfter. Alles hat eine Harmonie und Vollkommenheit, die ich früher nicht gesehen habe. Wenn ich Kritik oder Unfrieden in mir aufkommen fühle, arbeite ich mit dem Symbol des vierten Grades. Damit sind Wunder möglich, eine Transformation der Energie. Ich kann sagen, dass der vierte Grad meine Ehe gerettet hat. Vorher haben wir kaum noch miteinander gesprochen. Das ist jetzt anders. Dieses tolle Symbol müsste ich noch viel mehr einsetzen!«

Elke W. aus Winsen: »Nachdem ich vom Seminar nach Hause gekommen war, hatte ich das Bedürfnis, alles in meiner Wohnung in diese Energie zu tauchen. Altes und Vergangenes hat mich nicht mehr gereizt. Ich konnte endlich friedlich, tief und fest einschlafen und durchschlafen. Sechs Wochen später ist meine Bulimie verschwunden, unter der ich 14 Jahre lang gelitten habe. Mit bedingungsloser Liebe reagiere ich nun gelassener auf die Art und Weise unmöglicher Menschen. Ich habe keine seelischen, qualvollen Schmerzen mehr in der Brust. Ich traue mich mehr, jemandem Liebe zu geben.«

Günther K. aus Duisburg: »Im Herzen selbst sein, darum geht es im vierten Grad. Seitdem ich ihn erworben habe, gibt es zwei neue Muster in meinem Leben. Menschen kommunizieren mit mir in neuer, völlig entspannter Weise, weil auch ich ihnen entspannt aus dem Herzen begegne. Das sind häufig kleine Begegnungen auf der Straße, in Geschäften, im Hotel, im Seminar. Das sind kurze Gespräche, einfach herzliche Momente, die sich spontan und absichtslos ergeben. Das zweite Muster ist anders. Menschen, die verletzt und missbraucht, wütend und voll negativer Emotionen sind, begegnen mir mit verletzender Boshaftigkeit. Früher war es für mich sehr einfach, mit einer kleinen Boshaftigkeit verbal zurückzuschlagen. Das bringe ich nun nicht mehr übers Herz. Bei solchen Begegnungen kommen mir jetzt die Tränen, und ich bin sprachlos. Danach wird mir dann immer bewusst, dass ich ganz bei mir selbst war, in meinem Herzen. Meine neue Herzlichkeit ist ein Schutz vor Verletzungen. Auch wenn ich weine, bin ich nicht verletzt.«

Sechster Grad

Kurt S. aus Berlin: »Als Erstes habe ich eine neue Energie um den Kopf herum erlebt. Die Augen der Liebe – sind irgendwie voller geworden. Ich fühle, dass sich mein Blick verändert hat. Es ist, als ob man mit den Augen fühlt. Als wenn ich ›voller‹ gucke, mit mehr Herzensenergie. Die Herzensenergie fließt mehr nach oben, zu den oberen Chakren. Ich fühle, ich bin wieder ein Stück weiter. Es ist eine tiefe Ruhe eingekehrt, und die Energie um die Augen ist viel weicher geworden. Ich spüre das sehr stark. Man guckt und weint mit dem Herzen. Die Veränderung ist sehr subtil. Die Direktbehandlungen sind viel stärker geworden.«

Inge R. aus München: »Das Allererste, was ich nach dem sechsten Grad gespürt habe, war, dass mein Geruchssinn unglaublich sensibel war. Ich war mit Gabi am Sonntag noch im Botanischen Garten, gleich um die Ecke vom Kursgebäude. Und die Düfte waren so unglaublich stark, so habe ich Gerüche noch nie wahrgenommen. Das ist auch heute noch so. Egal, ob etwas besonders gut duftet oder eher übel riecht. Meine Nase ist super empfindsam geworden. Es hat sich überhaupt viel getan in all den Jahren, seit ich den ersten Grad gemacht habe. Ich habe ein schönes Büro mit mittlerweile neun Angestellten, nette Mandanten usw. Das ist alles nicht selbstverständlich, und es war auch ein anstrengender Weg bis dahin. Aber die Zuversicht war immer bei mir. Meine Akzeptanz anderen Menschen gegenüber hat sich auch verändert. Es gibt jetzt eigentlich nur noch zwei Entscheidungen: Entweder, ich kann jemanden so nehmen, wie er ist, und wir haben trotz oft erheblicher Unterschiede eine gewisse Harmonie, oder es entwickelt sich so, dass ich mit jemandem, der zum Beispiel sehr negativ ist, gar nichts mehr zu tun haben möchte. Dann verabschiede ich mich meist mit klarer Begründung von dieser Person. Auch das finde ich toll, weil ich früher oft so komische Beziehungen hatte, von denen ich mich nicht trennen konnte, obwohl es absoluter Quatsch war, weiter daran zu hängen. Es ist nicht immer alles Friede, Freude, Eierkuchen, und es gibt noch jede Menge zu tun und zu lernen. Aber ich bin sehr zuversichtlich, dass alles gut wird.«

Kathrin B.: »Dank meiner Intuition nehme ich viel mehr wahr in meinem Leben. Ich entwickle Visionen und habe auch den Mut und die Kraft, sie in die Tat umzusetzen. Das war früher nicht so. Ich erlebe, dass ich mit dem Dritten Auge heile, wenn ich nur an Menschen denke oder sie anschaue. Ohne, dass ich das wollte, es passiert einfach. Ein tolles Gefühl.«

Siebter Grad

Christa G., Geistheilerin: »Ich hatte am Samstag auch Patienten, die dann in den Genuss der ›neuen Art‹ gekommen sind. Heilerisch ist es noch mehr geworden. Ich kam mir vor wie ein Schmelztiegel. Vom Geistigen ist ebenfalls noch einmal ein großer Schub gekommen, mehr als bei allen anderen Graden. Dieser Grad ermöglicht mir, noch mehr in die höheren Bewusstseinsebenen zu gehen, und zwar auf ›sicherem Fuße‹. Was auch einen schönen Beigeschmack hat, ist, dass man sich nun überhaupt nicht mehr fragt: Genügt das, was ich tue, muss ich noch mehr machen, noch mehr lernen usw.? Das Motiv ist ein anderes, und hat nicht mehr den Selbstwert als Grundlage.«

Claus B.: »Ich wollte den siebten Grad eigentlich für mich machen. Er bringt mir auch ganz viel, aber anders als ich dachte. Jetzt stelle ich fest, dass ich in die Energie des Dienens hineingezogen werde, so nach dem Motto ›Herr, nicht mein, sondern Dein Wille geschehe‹. Die Energie hat viel mit Hingabe zu tun. Das Erstaunliche für mich: Ich freue mich, dem Ganzen und allen Lebewesen jetzt so effektiv helfen zu können! Gleichzeitig akzeptiere ich, was ist. Die Verantwortung oder innere Verpflichtung, die mit dem siebten Grad verbunden ist, ist atemberaubend, das stimmt, aber auch süß wie Honig: Sie bringt eine unbeschreibliche Freude, ja einen Jubel mit sich und einen tiefen Frieden jenseits von Worten.«

Lehrergrade

Ein Reiki-Lehrer schreibt: »So viel Dankbarkeit bekomme ich von meinen Seminarteilnehmern zurück, wenn sie erleben, wie Reiki ihr Leben bereichert. Ich habe sogar schon Reiki-Kurse im Ausland gegeben und fühle mich als Vermittler einer Technik zur Aktivierung universaler Energie wie ein Weltbürger. Mein Arbeitsplatz ist die ganze Welt! Fast alle meine Familienangehörigen und Freunde haben mittlerweile mindestens den ersten Grad. Endlich habe ich meinen Traumberuf gefunden und kann sogar mit meiner Familie davon leben. Ich erlebe eine wunderbare Harmonie mit den Menschen, die mir nahe sind. Gleichzeitig wird durch die vielen Einstimmungen, die ich gebe, mein eigener Wachstumsprozess immens unterstützt und gefördert. Einfach wunderbar!«

Ronald F. ist begeistert von seinem ersten I. Grad-Kurs mit fünf Teilnehmern: »Es lief alles noch viel besser als erwartet.

Die Teilnehmer machen profunde Erfahrungen und sind begeistert vom Seminar. Danke für deine Energie-Unterstützung.«

Eine »frischgebackene« Reiki-Lehrerin aus der Nähe von Wiesbaden hat innerhalb von nur zwei Monaten schon 19 Menschen in den ersten Grad eingestimmt. »Ich habe endlich meinen idealen Beruf gefunden: Reiki-Behandlungen geben und Menschen für den ersten und zweiten Grad ausbilden. Ich habe meine Berufung gefunden! Und nebenbei haben sich für mich die Kosten für die Lehrerausbildung schon fast amortisiert. Eine preiswertere Berufsausbildung kann ich mir nicht vorstellen. Endlich kann ich Menschen zu Lichtarbeitern ausbilden. Ein Herzenswunsch ist in Erfüllung gegangen.«

Eine Reiki-Lehrerin aus Plauen erzählte mir etwas Wunderschönes. Man kann auch auf den inneren Ebenen lehren! Sie hat einem dreizehnjährigen Mädchen aus Ruanda, das Aids-Waise ist und zwei kleinere Brüder zu versorgen hat, den ersten und zweiten Grad gegeben. Dieses Mädchen wurde im Fernsehen gezeigt, wie es den ganzen Tag schwere Feldarbeit macht, damit sie abends ihren Brüdern und sich etwas zu essen kaufen gehen kann. »Ich muss arbeiten, damit meine Brüder irgendwann einmal zur Schule gehen können.« Mit dem ersten und zweiten Grad wird sie mehr Kraft haben, ihre große Last zu tragen.

Eine Lehrerin, die gerade den VB-Grad gemacht hat, schreibt über ihre Erfahrungen seit der Lehrerausbildung: »Gestern wurde ich in einem Geschäft zum ersten Mal in meinem Leben von einer Biene gestochen, die sich in meinen Haaren verfangen hatte. Eine beherzte Kundin zog mir den Stachel aus der Schulter, und wir warteten, was passiert. Ich bestellte mir gleich Apis C 30 in der Apotheke, konnte es aber erst vier Stunden später holen. Also gab ich sooft ich konnte Reiki drauf, stimmte das Mittel schon mal ein. Kurz: Ich hatte keine Schmerzen, keine Schwellung, keine Temperatur und konnte Schulter und Arm normal bewegen. Das finde ich insofern erstaunlich, als sich bei mir sonst jeder Mückenstich zu einem Drama entwickelt. Durch die Einstimmungen bei den Lehrerseminaren habe ich übrigens einen Quantensprung gemacht, was meine spirituelle Entwicklung betrifft. Ich freue mich schon auf den VII-B-Grad in einigen Jahren.«

Kraft und wahrer Reichtum liegen in der Stille

*»Solange du nicht Frieden,
Heiterkeit, Stille und Ekstase besitzt,
bleibst du dennoch arm.«*

OSHO, »DAS BUCH DER HEILUNG«

Ein Bettler sitzt jahrein, jahraus auf einer alten Holzkiste und bettelt. Eines Tages kommt ein Fremder und sagt: »Ich kann dir nichts geben, aber schau mal in die Kiste, auf der du schon so lange sitzt.« Nach langem Drängen bricht der Bettler endlich die Kiste auf und sieht voll Erstaunen, dass sie voller Gold ist.

Reiki ist der »Fremde«, der dich an deinen inneren »Schatz« erinnert. Wer nicht nach innen schaut, geht leer aus. In meinen Augen sind alle »Bettler«, die nicht die vibrierende Freude des Seins und den damit verbundenen tiefen, dauerhaften Frieden erfahren. Mit Reiki tauchst du tief in die Stille und damit in die Gegenwärtigkeit ein. Durch die tägliche meditative Ganzbehandlung erkennst du, dass das, was du im Äußeren suchst – Sicherheit, Liebe, Erfüllung, Reichtum – in dir zu finden ist, und zwar in einer viel tieferen Dimension als alles, was dir die Welt je bieten kann. Selbst wer Besitz, Geld, Anerkennung und Macht auf den äußeren Ebenen erreicht hat, stellt bald fest, dass er immer noch nach wirklicher Erfüllung sucht. Nichts »da draußen« wird dich jemals tief und dauerhaft befriedigen. Das ist kein negativer Gedanke, sondern eine Tatsache und liegt in der Natur der Sache.

Durch Reiki wächst du in ein Bewusstsein, das von Gedanken befreit ist: reines Sein, reine Gegenwärtigkeit. Du bist vollkommen im Jetzt präsent. Hier ist kein Platz für Sorgen und Unglück. Du kannst nicht beides sein: unglücklich und ganz im Jetzt. Wenn du mit deinem Innersten verbunden bist, ziehst du Harmonie auch im Äußeren an. Du hörst auf darauf zu warten, dass das Leben endlich anfängt. Negative Gedanken verschwinden mehr und mehr. Krank machende Sorgen hören auf. Du machst nicht mehr aus allem und jedem ein Problem und wirst dadurch seltener oder überhaupt nicht mehr krank. Der Alterungsprozess verlangsamt sich.

Mit Reiki wirst du dankbar für das, was du hast, und freust dich mehr und mehr an der Fülle deines Lebens im Augenblick. Der einzig wahre Reichtum liegt im Leben selbst. Kein äußerer Reichtum oder sonst etwas im Außen kann dich auf Dauer glücklich machen. Dauerhafte Freude findest du nur auf den inneren Ebenen. Alles Materielle ist veränderlich, vergänglich und unvollkommen.

Das scheinbar Paradoxe: Wenn du mithilfe von Reiki wunschlos glücklich bist, wird dir auch auf der äußeren Ebene Fülle zuteil. Wie innen, so außen. Wenn du nicht mehr von Umständen abhängig bist, werden sich auch deine allgemeinen

Lebensumstände verbessern. Du kannst dich ohne Angst vor Verlust an Menschen und Dingen erfreuen. Das Leben wird mühelos und leicht. Du erlebst Freude am Sein und den Frieden Gottes, der durch nichts und niemanden erschüttert werden kann. Und ein weiteres Paradox: Du kannst Erfolg, Beziehungen, Anerkennung und Liebe erst dann wirklich genießen, wenn du weißt, dass du sie für dein Glück und deine Erfüllung gar nicht brauchst.

Solange wir mit unserem Verstand identifiziert sind, ist Schmerz unvermeidlich. Erst wer Freude am Sein gefunden hat, gibt den Wunsch nach Erfüllung in der Zukunft zugunsten der Erfüllung im Jetzt auf. Auch der Wunsch, Erleuchtung zu erlangen, ist – als Wunsch nach Erfüllung in der Zukunft – ein Stolperstein und ein Ablenkungsmanöver. Erlösung, Erleuchtung und Erfüllung können nicht irgendwann in der Zukunft stattfinden, sondern nur im Jetzt. Zeit ist nie Instrument der Erfüllung, sondern ihr größtes Hindernis.

Mit der Reiki-Behandlung zur Aktivierung universaler Energie steigst du tief in die Dimension der Zeit-Losigkeit, des Ewigkeitsbewusstseins und der Gegenwärtigkeit ein. Mit Reiki sind wir mehr und mehr anwesend als Zeuge von Verstand und Gefühl. In dieser Präsenz als stiller Beobachter sind wir immer öfter der »Erwachte« oder Buddha, was sein Name bedeutet.

Wer glaubt, eins mit allem zu sein, *weiß* es nicht mehr, hat es vergessen. Glaube kann tröstlich sein. Aber erst die erlebte Wahrheit, erst deine eigene authentische Erfahrung macht frei. Und Reiki ist ein Weg dorthin, einer der wirksamsten und schnellsten und vielleicht der einfachste, den es gibt.

Bestellungen beim Universum oder wunschlos glücklich?

»Glückseligkeit ist die wahre Natur des Menschen.«

Sri Ramana Maharshi

Der Wunsch, glücklich zu sein, ist der Kern aller menschlichen Wünsche, und das Recht, nach der Erfüllung dieses Wunsches zu streben, ist sogar in der Präambel der amerikanischen Verfassung verankert. Wir glauben, dass wir etwas brauchen, um glücklich zu sein. Wir glauben außerdem, wir seien glücklich, wenn sich unsere Wünsche erfüllen. Stimmt das? Oder handelt es sich um den Albtraum der Unzufriedenheit, eine Art Massenhypnose, die so verbreitet ist, dass sie niemandem mehr auffällt?

Im Leben, sagt der Volksmund, gibt es immer zwei Tragödien: Die eine ist die Nichterfüllung eines Herzenswunsches. Und die andere ist seine Erfüllung. Erfüllte Wünsche, so sonderbar das auch klingen mag, machen nicht glücklich, jedenfalls nicht auf Dauer. Oder andersherum: Enttäuschungen schickt das Universum, um uns aus dem schlechten Traum des Wünschens aufwachen zu lassen.

Wenn sich uns ein Wunsch erfüllt, sind wir erst einmal glücklich. Das, was die Wunscherfüllung bringen soll – Glück, Freude, Entspannung, Erfüllung –, hält aber meist nicht lange an. Der Grund: In dem Moment, in dem sich ein Wunsch erfüllt, hält das Suchen unseres Geistes endlich mal für einen Moment inne. Ganz schnell aber läuft die Wunschmaschine wieder an, und das Gefühl der Bedürftigkeit dominiert wieder. Wilhelm Busch hat dies in seinem Gedicht »Niemals« wundervoll ausgedrückt:

»Wonach du sehnlich ausgeschaut,
es wurde dir beschieden.
Du triumphierst und jubelst laut:
Jetzt hab ich endlich Frieden!
Ach, Freundchen, rede nicht so wild,
bezähme deine Zunge!
Ein jeder Wunsch, wenn er erfüllt,
kriegt augenblicklich Junge.«

Der Hamburger Psychologe und Heilpraktiker Torsten Brügge hat nun wissenschaftlich nachgewiesen, dass Wunscherfüllung tatsächlich weder Frieden noch Erfüllung bringt. Seine Erkenntnis: Man ist schon glücklich, *bevor* man einen Wunsch entwickelt. Wünsche verschleiern sogar unseren natürlichen Seinszustand: inneren Frieden. In seinem Buch *Wunschlos glücklich* schreibt er: »Wenn ein Wunsch erfüllt wird, sind wir glücklich nicht über den Gegenstand oder das Ereignis. Wir sind glücklich, weil unser rastloses Wunschdenken für einen Moment zur Ruhe kommt. In so einem Moment innerer Stille wird spürbar, was die ganze Zeit schon da war: innerer Frieden. Und das ist unser natürlicher Zustand.« Buddha behauptete Ähnliches: »Glückseligkeit ist die wahre Natur des Menschen.« Und Christus sagte: »Das Himmelreich ist in euch.«

Die Werbung fördert den Aberglauben: »Wenn du nur das und das hast (mehr Geld, endlich den richtigen Partner, eine Traumreise ...), bist du glücklich.« Indem wir ständig neue Wünsche entwickeln, zementieren wir unser Mangelbewusstsein. Und die Bestellungen beim Universum nehmen kein Ende.

Wir leben nicht um zu überleben, sondern um uns selbst zu erkennen. In uns wartet das Himmelreich, das Paradies. Du kannst nur etwas über dich erfahren, wenn du nach innen gehst, zum Beispiel mit Meditation oder Reiki. Wer nicht nach innen geht, geht leer aus. Den meisten Lottokönigen geht es ein Jahr nach dem Lottogewinn nicht besser, sondern schlechter als vorher. Der Grundwunsch, es sollte anders sein, als es ist, erfüllt sich nie. Die Lösung heißt nämlich nicht »mein Wille geschehe«, sondern »Dein Wille geschehe«. Bringt es etwas, Wünsche ans Universum zu schicken? Ja! Aber nur, wenn wir sie dadurch loswerden. Durch Ausrichtung auf die Zukunft verpassen wir die Erfüllung im

Hier und Jetzt. Wünschen bedeutet Wegbewegen und Fliehen. Innehalten und Stille erscheinen uns nur bedrohlich, weil wir uns mit dem Verstand identifizieren. Stille ist die Sprache Gottes, alles andere ist eine schlechte Übersetzung. Alle Meister sagen, dass wir uns verhalten wie Fische im Ozean, die nach Wasser verlangen.

Wenn Glückseligkeit unsere wahre Natur ist, können wir sie erfahren. Mit Reiki werden wir still. Und sind wunschlos glücklich. Wir erkennen immer deutlicher: Nichts muss sich ändern. Alles ist gut so, wie es ist. Wer etwas von anderen verlangt, macht sich zum Sklaven dieses Verlangens. Mit Reiki erkennen wir: Wir haben alles (in uns), was wir brauchen. Wenn wir Wünsche loslassen, weil uns bewusst wird, dass wir uns damit geradezu Unglück einhandeln, finden wir uns in der Sonne des wunschlosen Friedens wieder.

Göttlicher Friede ist mehr als Glück

»Das Geheimnis des Lebens ist nicht,
alles zu haben, was man will,
sondern alles zu wollen, was man hat.«

Neale Donald Walsch, »Freundschaft mit Gott«

Menschen wünschen einander oft: »Viel Glück.« Aber was ist Glück? Die Buddhisten lehren, dass selbst Glücklichsein

Dukkha ist, was »Leiden« oder »Unzulänglichkeit« bedeutet. Glücklichsein und Unglücklichsein sind nur zwei Seiten einer Medaille, allein getrennt durch die Zeit. Glück hängt davon ab, ob du die Umstände als positiv wahrnimmst, innerer Frieden nicht. Mit Reiki gewinnst du mit der Zeit allem, was du dir als Hauptdarsteller und Regisseur deines Lebens selbst kreierst, etwas Positives ab. Und wenn du nichts Positives in der Situation erkennen kannst, fragst du immer schneller: »Wo ist das Geschenk« oder »Was kann ich daraus lernen?«

Äußere Gegebenheiten und Dinge können uns kein dauerhaftes Glück bescheren, keine Erfüllung und keine Identität. Wer das erwartet, handelt sich Frustration und Leiden ein. Es gibt nichts »da draußen«, was dich je befriedigen wird, es sei denn, für kurze Zeit. Alles, was Vergnügen schaffen kann, kann auch Leid erschaffen. Dinge und Umstände können dir niemals Freude schenken. Das Glück, das von außen kommt, ist nie sehr tief. Nichts und niemand kann dir Freude *bringen*. Das liegt daran, dass wahre Freude eine Qualität der inneren Ebenen ist, die Freude des Seins. Sie ist der wichtigste Anteil des inneren Friedens, der auch der »Friede Gottes« genannt wird. Er ist deine wahre Natur, deine Essenz. Alles Glück, das einer äußeren Quelle entspringt, ist nur ein matter Abglanz der Freude des Seins, die du in dir entdeckst, wenn du ganz still wirst, auch mitten im Alltag. Du erlebst diesen Zustand auch, wenn du immer öfter jeden Widerstand aufgibst. Du erkennst, dass du nicht von der Form abhängig bist. Selbst wenn alles um dich herum im Chaos versinkt, erlebst du vielleicht kein Glück, aber inneren Frieden.

Die erstaunliche Tatsache ist nicht, dass du dir Gottes bewusst werden kannst, sondern dass du dir Gottes nicht bewusst bist. Insofern kannst du Gott auch nicht »finden«, denn du hast ihn ja nie verloren. Mit Reiki kommen wir in dieses »Gottes-Bewusstsein« und lernen, diesen Zustand aufrechtzuerhalten. Wir erkennen, wer wir wirklich *sind*. Die Erfahrung, in unserer Essenz göttlich zu sein, ist etwas anderes, als nur daran zu glauben. Glauben ist nicht Wissen. Sobald wir authentische Erfahrungen machen, können wir das Konzept des Glaubens loslassen.

Ich spreche hier über tiefen göttlichen Frieden, nicht über Glücklichsein. Meine geliebte Mutter ist im November 2005 gestorben. Darüber war ich nicht glücklich. Aber ich war friedvoll. Ich war dabei, als sie die Dimension gewechselt hat, und habe eine tiefe Gelassenheit, einen göttlichen Frieden, eine heilige Präsenz gespürt, ja sogar eine himmlische Freude. Dank Reiki ist es meiner Schwester und mir gelungen, eine Schwingung von intensiver Gegenwärtigkeit aufrechtzuerhalten, während unsere Mutter gestorben ist. »Sterben, bevor du stirbst.« Diese Erfahrung hat uns zutiefst verwandelt.

Wer mit Reiki tief in die Stille eintaucht, lernt Widerstand loszulassen und sein Leben in Leichtigkeit und heiterer Gelassenheit zu führen. Dieser innere Zustand hängt nicht mehr davon ab, ob alles in einer bestimmten Art und Weise abläuft. Wir hören auf, uns selbst zu bemitleiden und anderen unsere Geschichte zu erzählen. Es mag paradox klingen, aber wenn wir nicht mehr von der Form abhängig sind, werden sich unsere allgemeinen Lebensumstände stark verbessern. Erst dann, ohne Angst vor Verlust, können wir Beziehungen und Dinge wirklich genießen. Erst dann können wir wirklich lieben. »Liebet eure Feinde« heißt »Habt keine.« Wir tragen die Frequenz des Friedens in die Welt, die alles verwandelt.

Eine Frau fragte mich nach einem Vortrag: »Für mich ist innerer Frieden ein Fremdwort. Können Sie mir helfen?« Ich fragte zurück: »Meditieren oder beten Sie täglich?« – »Nein.« – »Komisch«, sagte ich, »das dachte ich mir schon.« Ein junger Vater fragte mich: »Wie schaffen Sie es, zwei Kinder zu haben, einen Beruf und sich dann noch jeden Tag Reiki zu geben?« Ich fragte zurück: »Wie schaffen Sie es, einen Beruf zu haben, zwei kleine Kinder und das Ganze *ohne* Reiki?« Es ist wie Ein- und Ausatmen. Sind wir nur auf den äußeren Ebenen aktiv, verlieren wir uns in der Welt und sind über kurz oder lang erschöpft. Wir müssen immer wieder nach innen tauchen, um uns zu zentrieren, Kraft zu schöpfen, Prioritäten zu erkennen und zu setzen und so den Anforderungen des Alltags gegenüber gewappnet zu sein.

Wenn wir tief in die Stille eintauchen, erfahren wir ein unergründliches Gefühl von Frieden. Im Inneren dieses Friedens ist eine immense Freude. Inmitten dieser Freude finden wir Liebe. Und im Kern ist das Heilige, Unermessliche, das wir Gott nennen. Erleuchtung bewusst zu wählen, heißt, Ja zu sagen zu dem, was ist, und tief in das Bewusstsein dafür einzutauchen, wer wir sind. Damit öffnen wir uns für Wunder, und das Leben wird leicht.

Bedingungslose Liebe, unsere wahre Natur

»Liebe und tue, was du willst.«

Augustinus

Wie oft haben wir schon gehört oder gelesen: »In deiner Essenz bist du bedingungslose, erwartungslose Liebe.« Aber ist dies für die meisten von uns nicht nur eine schöne Idee geblieben, statt Alltagsrealität zu werden? Wenn jeder in jedem Augenblick seines Lebens wüsste, wer er ist, und dies auch leben würde – würde unser aller Leben und das Leben auf diesem Planeten dann nicht völlig anders aussehen?

Die Gier, die Aggressivität, das Leiden, die soziale Kälte, der rohe Umgangston, nicht nur in den Vorabendserien im Fernsehen, die Wohlstandsverwahrlosung von Kindern und Alten in unserer Gesellschaft nehmen zu. Menschen wirken nicht gerade glücklich, wenn sie nach Materiellem gierend durch die Gegend hetzen. Wenn Geld wirklich glücklich machen würde, würden sich viele unserer gut betuchten Prominenten nicht so oft wie herzlose, unglückliche Zombies aufführen. Kaum jemand hat einen inneren Wertekompass, mit dem er sich orientieren könnte. Eltern sprechen immer weniger mit ihren Kindern, und Kinder lernen ihre Sprache aus dem Fernsehen. Gewalt nimmt zu. Warum? Weil unser System nicht von einem inneren Kern gehalten wird, einem inneren Ehrenkodex oder auch Gewissen, weil es nicht mehr um die Essenz aller Religionen geht: um Liebe und Mitgefühl.

Mehr Spiritualität ist in meinen Augen die Lösung für uns als Individuen, aber auch für die Gesellschaft und letztlich für unseren Planeten. Wer sein Begehren nur auf materielle Dinge richtet, wird irgendwann entweder aggressiv oder verfällt in Depression, die nach innen gerichtete Aggressivität. Materielles bringt nie wirkliche Erfüllung. Nicht durch ständiges Zuführen finden wir Erfüllung, sondern durch Weglassen vom Überflüssigen.

Der moralische Imperativ »Liebe deinen Nächsten wie dich selbst« bringt uns offenbar nicht weiter. Die Menschen akzeptierten zwar die Freiheit, die ihnen Christus gebracht hat, aber nicht seine Liebe. Oder, um mit Erich Fromm zu sprechen: »Haben statt Sein stand immer mehr im Vordergrund.« Aus diesem Haben statt Sein entstand eine Freiheit von Verantwortung, die sogenannte wertfreie Wissenschaft mit ihrem Darwinismus. Aber auf dem Prinzip vom »Überleben der Tüchtigsten« sind weder Moral noch Ethik zu begründen. Diese Prämisse führt zum Kampf aller gegen alle. Ludwig Erhard, der Vater unseres Wirtschaftswunders, meinte einmal über die Geister, die er damit rief: »Hätte ich gewusst, dass sich in dem Maße, wie sich die Bankkonten und Bäuche füllten, auch die Kirchen leeren, hätte ich rechtzeitig gegengesteuert.«

Unser aller Beziehungen – ob in der Familie, in der Schule oder am Arbeitsplatz – kranken daran, dass wir nicht wissen, wer wir sind. Unbewusst versuchen wir, anderen Menschen Energie abzuluchsen, weil wir vergessen haben, uns an die unendliche Quelle universaler Energie anzuschließen. Statt aus der Fülle, leben wir im Mangel. Jeder hat ständig das Gefühl, nicht genug zu bekommen. Wer nicht erlebt und sich ständig durch erneute Erfahrung daran erinnert, wer er wirklich ist, tappt im Dunkeln. Wahre Liebe ist eine Qualität unserer Seele, unsere wahre Natur. Sie ist weder an Bedingungen noch Erwartungen geknüpft. Wenn wir wissen, dass wir Liebe *sind*, brauchen wir nicht mehr im Äußeren danach zu suchen. Unsere Beziehungen bekommen eine ganz andere Qualität, wenn wir sie nicht aus der Illusion des Mangels heraus eingehen und pflegen, sondern aus der Gewissheit der Fülle. Wir lieben nicht mehr aus der Illusion des Brauchens heraus, sondern weil wir die Freude des Lebens miteinander teilen und uns gegenseitig zum Geschenk machen wollen.

Schon im ersten Grad des authentischen Reiki lernen wir, uns mit jener universalen Energie zu verbinden, die uns direkt zu unserer Essenz führt, zu unserem Wesenskern, zur Quelle und zur Liebe, die wir *sind*. Wir gehen nach einer gewissen Zeit sogar weiter und erweitern diese Liebe zur universalen Liebe, die kein Objekt mehr braucht. Indem wir Reiki praktizieren, setzen wir eine Energie frei, die uns zum Bewusstsein der Einheit, der Ganzheit und des Geliebtwerdens führt und die alles, was uns von diesem Bewusstsein trennt, transformiert. Mit der Zeit wachsen wir sogar in das Einheits- oder kosmische Bewusstsein hinein. Wenn genug von uns dauerhaft in diesem Bewusstsein sind – Neale Donald Walsch spricht von einer »kritischen Masse« von zwei bis vier Prozent aller Menschen – werden Kriege, Umweltzerstörung, Mobbing und Streit so absurd, als würden wir uns bei vollem Bewusstsein ein Stück vom eigenen Finger abschneiden.

Wer bedingungslos liebt, kann nie enttäuscht werden. Bedingungslose Liebe fährt fort zu lieben, ohne irgendetwas als Gegengabe zu verlangen. Wenn wir bedingungslos lieben, können wir jemanden lieben, obwohl wir das, was er getan oder gesagt hat, nicht billigen. Bedingungslose Liebe ist nichts, was wir wie einen Wasserhahn auf- und zudrehen. Wenn wir bedingungslos lieben, bleiben wir offen und verletzlich. Wer mit der Zeit eine Dornenhecke um sich aufgebaut hat, um sich vor Verletzungen zu schützen, behindert sowohl die Liebe, die hinausfließen will, als auch die, die hereinfließen soll. Wer den Strom der Liebe anhält, lässt sein Herz erkalten, denn damit versiegt auch seine Lebenskraft, welche die Liebe ist. Mit dem authentischen Reiki drehen wir diesen Prozess um, und der Eispanzer, den die meisten um ihr Herz gelegt haben, fängt an zu schmelzen. Wir werden lebendiger. Wir hören nicht auf, einen Menschen zu lieben, auch wenn dieser uns verlässt.

Die Fähigkeit, so zu lieben, ist im Innersten eines jeden Menschen verankert. Es geht darum, uns wieder Zugang zu dieser Qualität zu verschaffen. Wir lernen, mit dem Herzen zu denken und mit dem Verstand zu lieben. Mit Reiki gelangen wir in den Raum der Stille in uns, den Ozean der Liebe. »Wenn du liebst, solltest du nicht sagen: Gott ist in meinem Herzen, sondern: Ich bin in Gottes Herzen«, sagt Khalil Gibran in *Der Prophet*. Wir können den Lauf der Liebe nicht bestimmen. Vielmehr bestimmt sie unseren Lauf, wenn wir uns für sie öffnen.

Liebe ist mehr als ein Gefühl. Wer versucht, das vierte Chakra zu umgehen, kommt in den Kopf. »Aber im Kopf zu sein, heißt, ohne Liebe zu sein. In Gedanken zu sein, heißt, kein Vertrauen zu haben. Denken heißt, nicht zu sein.« (Osho) Im Herzchakra begegnen sich Himmel und Erde. Fast niemand gibt Liebe. Sogar diejenigen, die Liebe nur fordern, glauben zu geben und sind überzeugt, dass sie nicht empfangen. »Das ist die Ursache für das Unglück auf der ganzen Welt.« (Osho) Es gibt viele Menschen, die nur fähig sind zu empfangen und die genau deshalb immer unglücklich bleiben, denn durch Empfangen wird man niemals reich. Geizige Menschen sind die ärmsten Menschen auf der

Welt, ärmer als die Armen, denn reich wird man nur durch Geben. Nur das gehört dir, was du hergeben kannst.

Liebe ist nicht nur für jeden Einzelnen die Rettung, sondern auch für die Menschheit. Marianne Williamson sagt: »Die Liebe, die uns retten wird, ist eine unpersönliche, keine auf bestimmte Personen bezogene Liebe – eine Liebe, die bedingungslos ist, weil sie sich nicht darauf gründet, was Menschen tun, sondern wer sie in ihrem tiefsten Inneren sind.« Alles, was nicht Liebe ist, ist ein Ruf nach Liebe, und jede Situation ist eine Gelegenheit zu wachsen. Unser Feind ist unser Freund, es hängt nur von unserem Bewusstsein ab. In dem Moment, wo wir anfangen zu geben, statt Liebe zu erwarten, kommt die Liebe zu uns. Jesus bezeichnete Gott als Liebe, denn im menschlichen Bewusstsein ist die Liebe der Abglanz des Höchsten.

Beziehungen mit Reiki – Lust statt Frust

*»Wenn du Freude im Herzen trägst,
kannst du jeden Moment heilen.«*

NEALE DONALD WALSCH, »FREUNDSCHAFT MIT GOTT«

Unsere Beziehungen – egal, ob zwischen Mann und Frau, Eltern und Kindern, Schülern und Lehrern oder unter Arbeitskollegen – kranken daran, dass sich jeder mit seiner persönlichen, naturgemäß begrenzten Energie identifiziert und unbewusst versucht, dem anderen Energie abzuluchsen. Dass solche Beziehungen frustrierend sind, weil keiner je »genug« vom anderen bekommt, liegt auf der Hand. Erst wenn wir uns an die unerschöpfliche Quelle universaler Energie anschließen, sind wir in der Lage, Beziehungen aus einem Bewusstsein der Fülle, ja des Überflusses, einzugehen und zu pflegen, nicht mehr aus der Illusion des Mangels. Das erreichen wir mit dem authentischen Reiki, und zwar durch den Einstimmungs- oder Initiationsprozess, der damit verbunden ist.

Wirkliche Veränderung findet im Innern statt. Wer in Kontakt mit seiner inneren Stille und Gegenwärtigkeit ist, berührt jeden, der ihm begegnet, und verwandelt ihn durch den Frieden, den er ausstrahlt, ob er sich dessen bewusst ist oder nicht. Damit sich Liebe in Beziehungen entfalten kann, muss das Licht deiner Gegenwärtigkeit und deines inneren Friedens hell genug erstrahlen.

Mit Reiki entwickeln wir wahre, bedingungslose Liebe, die keine Besitzansprüche hat und auch nicht versucht, den Partner zu ändern. Was normalerweise »Liebe« genannt wird, ist eine Strategie des Egos, um wahre Hingabe zu vermeiden. *Te quiero* – spanisch für »Ich liebe dich« – heißt ehrlicherweise dasselbe wie »Ich will dich haben«. Eine Weile funktioniert der Trick, doch wenn die alte Unzufriedenheit wieder dominiert, zerplatzt die Illusion und aus Liebe wird Hass. Im Objekt deiner Liebe suchst du immer dich selbst, das Bedingungslose, das du in deiner Essenz bist. Die meisten Menschen suchen in Beziehungen körperliche Freuden oder Selbstbestätigung, doch dieses Glück ist nie von Dauer. Romantische Liebesbeziehungen befreien dich nur vorübergehend von dem tiefen Zustand der Angst, der Bedürftigkeit und des Mangels. Du benutzt etwas oder jemanden, um den eigenen Schmerz zu kaschieren. Normale Beziehungen haben Suchtcharakter und bringen den Schmerz und das Unglück aus deinem Innern zum Vorschein – wie jede Sucht. Wahre Erfüllung hingegen ist Erlösung von allem Wollen, Besitzen, Brauchen und Festhalten.

Mit Reiki entwickeln wir vom Herzchakra aus die Qualität der bedingungslosen, erwartungslosen Liebe, einer Liebe, die kein Gegenteil kennt und mit dem Verstand nichts zu tun hat. Wir werden zum stillen Beobachter unserer Gedanken und unseres Verhaltens. Wir hören auf, uns selbst und den anderen zu verurteilen, und das bringt uns in einen Raum jenseits des Egos. Erst wenn wir den anderen so annehmen, wie er ist, sind Veränderung und Transformation möglich. Dieses scheinbare Paradox kann unser Verstand nicht begreifen, denn ihm geht es ums Rechthaben, nicht aber um die Liebe. Du kannst wahre Liebe nie verlieren, und sie kann dich nie verlassen. Alle Liebe ist die Liebe Gottes. Wahre Kommunikation ist Kommunion, die Verwirklichung von Einheit und somit Liebe.

Mit Reiki erlebst du: Auch, wenn du einmal nicht im Frieden bist, schaffst du einen stillen Raum, der deinen Nichtfrieden in Frieden verwandelt. Wenn du deine Reaktion erkennst, ist nichts verloren. Beziehungen sind nicht dazu da, uns glücklich zu machen, sondern bewusst. Nur wenn du das erkennst, kannst du in einer Beziehung Erlösung erfahren. Wenn du dich über Negativität aufregst, wirst du Teil davon. Statt mit der Dunkelheit zu kämpfen, bringst du mit Reiki Licht hinein. Wenn du allen Wesen erlaubst zu sein, wer sie sind, kann dein Partner nicht mit dir zusammen *und* unbewusst bleiben. Nur indem du dir und anderen Raum gibst, kann wahre Liebe erblühen. Mit Reiki lernst du, deine Gefühle auszudrücken, ohne den anderen anzuklagen. Wer in einer Beziehung gegenwärtig und annehmend bleibt, baut ein Energiefeld von hoher Schwingung auf, in dem kein Konflikt und keine Illusion überleben können. Wahre Beziehungen werden erst möglich, wenn ein Seinsbewusstsein erreicht wird, in dem du deine eigene göttliche Realität und die des anderen spürst und widerspiegelst.

Spirituelle Sterbebegleitung mit Reiki

»Kein Wesen kann zu nichts zerfallen!
Das Ew'ge regt sich fort in allen,
Am Sein erhalte dich beglückt!
Das Sein ist ewig: denn Gesetze
Bewahren die lebend'gen Schätze,
Aus welchen sich das All geschmückt.«

JOHANN WOLFGANG VON GOETHE,
»VERMÄCHTNIS«, FEBRUAR 1829

Wer selbst noch Angst vor dem Tod hat, ist ein schlechter Sterbehelfer. Sterbende sind nach meiner Erfahrung wie Kinder: Sie spüren, welches Programm wirklich läuft. Haben wir selbst Angst vor dem Tod, überträgt sich diese Angst auf den Sterbenden. Haben wir diese Angst überwunden, überträgt sich auch das. Ich habe einen professionellen Sterbehelfer kennengelernt, der mehr als zweitausend krebskranke Kinder beim Sterben begleitet hat. Zunächst war ich beeindruckt. Dann fand ich ihn wegen Überforderung in einer psychosomatischen Klinik wieder. Derjenige, der seine Angst vor dem Tod besiegt hat und für den der Tod zum Freund geworden ist, bekommt Kraft durch Sterbebegleitung, sogar und gerade wenn er liebe Verwandte oder Freunde begleitet. Wer den Tod als Gegner sieht, kann daran zerbrechen. Es bringt nichts, mit krebskranken Kindern Kissenschlachten zu machen und Kasperltheater zu spielen, wie dieser Mann es getan hat. Auch Kinder haben ein Recht darauf zu erfahren, was wirklich los ist und wohin die Reise geht. Als ich ihm unter Freudentränen vom Tod meiner geliebten Mutter erzählte, war er schockiert.

Seit 25 Jahren praktiziere ich das authentische Reiki. Mit jeder Behandlung er-innern wir uns daran, wer wir wirklich sind. Wir tauchen ein in eine Dimension der Ewigkeit, in der die Gedanken zum Stillstand kommen. Meine Mutter kannte diese Erfahrung. Ich hatte sie ein Jahr vor ihrem Tod gefragt, ob sie schon mal wissen wolle, wie es sich anfühlt, tot zu sein. Sie war nicht überrascht, sondern lächelte und nickte. Nachdem ich die Übung »Quelleerfahrung« aus Brandon Bays Buch *The Journey* mit ihr gemacht hatte, haben wir diesen Zustand ganz oft erfahren: einfach sein, ohne Worte und sich unendlich nach allen Seiten ausdehnen.

Meine Mutter hat im November 2005 mit dem Beistand vieler Reiki-Freunde die Dimension gewechselt. Für ihre Seele war dies sicherlich ein Freudenfest. Bevor die Seele meiner Mutter ihr irdisches Kleid ablegte, hatte ihr Körper zwölf Tage lang im Koma gelegen. Durch einen Unfall war sie erstickt und hatte erst nach mehr als zehn Minuten reanimiert werden können. Mamas Tod war feierlich. Ihre Gesichtszüge entspannten sich, und sie wurde ganz ruhig und friedlich. Meine Schwester, mein ältester Neffe und ich sangen spirituelle Lieder. Dann flüsterte ich ihr eindringlich ins Ohr: »Du gehst jetzt ins Licht. Alles wird gut.« Es war, als hätte ich damit eine Tür für das Loslassen und die Hingabe geöffnet. Ihr Atem wurde immer langsamer und flacher. Als Mama dann gestorben war, war noch stundenlang ganz viel Liebe und Frieden im Raum. Die Stimmung war feierlich, und die Schwingung entsprach der bei einer Geburt. Meine Schwester, die vier eigene Geburten erlebt und noch vier weitere miterlebt hat, erkannte diese Schwingung sofort wieder, und ich empfand es genauso. »Der Tod ist eine Geburt, und die Geburt ein Tod.« Ich hatte zum ersten Mal das Gefühl, diesen Satz verstanden zu haben.

Mama lag ja im Koma, das heißt, ihr Verstand funktionierte nicht mehr. Doch durch die Energie, durch das Singen und die »Einflüsterungen« hatten wir ihre unsterbliche Seele erreicht. Unterstützt wurde dieser Ablösungsprozess durch die vielen lieben Reiki-Freunde, die meiner Mutter Energie geschickt haben. Die für mich tiefste Erfahrung war die deutliche Präsenz ihrer Seele, weil sie zeigte, dass die Seele rein gar nichts mit dem Verstand oder den Gefühlen gemein hat, und mit dem Körper natürlich auch nicht. Wenn sich die Seele im Körper nicht mehr entwickeln kann, weil dieser zu alt und zu krank geworden ist, ist der Tod ein Freudenfest für sie. Was Mama mit unserer Unterstützung erreicht hat, war das, was Hermann Hesse in den letzten Zeilen seines wunderschönen Gedichts »Stufen« zum Ausdruck bringt: »Es wird vielleicht auch noch die Todesstunde uns neuen Räumen jung entgegen senden ... des Lebens Ruf an uns wird niemals enden.«

Meine Schwester und ich haben drei Tage als Totenwache bei unserer Mutter verbracht, um ihrer Seele zu helfen, sich von den verschiedenen Körpern zu lösen. Hier sind die Botschaften, die Mama mir vor ihrem Tod telepathisch übermittelte:

»Meine Seele kann sich hier nicht mehr erfahren, ausdrücken und entwickeln. Sie will frei sein von diesem Körper.
Die Liebe, die ihr fühlt, ist nur ein Abglanz der Liebe Gottes.
Der Frieden, den ihr erlebt, ist nur ein Abglanz des Friedens, in Gott zu sein.
Das Glück, das ihr fühlt, ist nur ein Abglanz des Glücks, das ihr in Gott erlebt.
Ich segne euch.«

Später habe ich Mama als blaues Pferd mit Einhorn gesehen, das kraftvoll um mich herumgaloppierte und dann als weißer Pegasus mit Flügeln eine imaginäre Treppe hinauf ins Licht entschwand. Pferde sind ein Symbol für Kraft, Einhörner stehen für das erwachte Dritte Auge, und ein Pegasus symbolisiert Höheres Bewusstsein und Erleuchtung – ein Wesen, das die Erdenschwere überwunden hat.

Affirmationen zur Begleitung von Sterbenden

Die Hauptaufgabe eines Sterbebegleiters besteht darin, den Sterbenden ins Licht zu führen und seine Aufmerksamkeit nach oben, zum Licht zu lenken. Er soll ermutigen, unterstützen und führen. Folgende Affirmationen eignen sich zur Begleitung von Sterbenden. Sie sollten häufig wiederholt werden. Der Begleiter spricht langsam und in entschlossenem, sanften Ton, während er zusammen mit dem Sterbenden atmet.

Als Einleitung kann ein kurzes Gebet wie das Vaterunser gesprochen werden oder das Gayatri-Mantra aus dem *Rigveda*, einer der ältesten Schriften der Menschheit:

Om (Aum)
Bhúr bhúvaha svahá
Tat sávitur varényam
Bhargó devásya dhímahi
Dhiyó yonáha pratschódayát.

BEDEUTUNG:
Im Kreislauf des Lichts und des Lebens,
im Eingehen, Ausgehen und im Gleichgewicht,
halten wir unsere Aufmerksamkeit im heiligen Glanz
der leuchtenden, herrlichen Quelle allen Seins.
Möge sie uns führen, damit sich uns das Selbst offenbare!

Bleib ruhig kann man immer dann sagen, wenn man Angst oder Beunruhigung im Sterbenden spürt, sogar noch nach dem Tod.

Zur Stabilisierung kann man auch *Om* beziehungsweise *Aum* (Aussprache) chanten. Dieses Mantra – es steht für das

Göttliche im noch nicht Manifesten – beruhigt disharmonische Schwingungen, die aus Angst und Krankheit herrühren. *AUM* ist der Klang, der aus dem Prana oder der Lebensschwingung fließt, jenem »Stoff«, der alles verbindet. Man kann das *Aum* auch im Herzen fühlen, und zwar als Licht, Ausdehnung und Freude.

Achte auf das Licht.
Du bist das Licht.
Geh ins Licht.
Sei Licht.

Das sind Anweisungen für das Zurückziehen des Bewusstseins. Besonders wohltuend ist der Satz:

Geh ins Licht, alles wird gut.

Man beugt sich nah zum Ohr des Sterbenden und flüstert ihn langsam und eindringlich. Alternativ kann man auch sagen:

Ich komme aus dem Licht, ich verweile im Licht,
und ich gehe ins Licht.

Wenn der Sterbende einen erleuchteten Meister hat, kann man ihn auch seinen/ihren Namen ins Ohr flüstern, zum Beispiel: *Christus und ich sind eins; Gott und ich sind eins; Buddha und ich sind eins.*

Wenn man mit dem Sterbenden spricht, soll man ihn als »Seele des/der ...« ansprechen, nicht mit Personennamen. Wenn man den Betreffenden nicht kennt, sagt man nur »liebe Seele«.

Ich bin Seele.
Ich bin Gott, ewig unveränderlich.
Ich bin vollkommen.
Angst und Trauer können mich niemals berühren,
denn ich bin ewig.

Wenn der Tod naht, stellen sich Sterbebegleiter, die über Reiki-Techniken verfügen, kosmische Symbole vor. Wer nur den ersten Grad hat, legt eine Hand auf das Herzchakra des Sterbenden und die andere leicht auf das Dritte Auge. Dabei kann man sich vorstellen, dass dem Kronenchakra ein umgekehrter Wasserfall aus Licht entströmt.

Bevor oder nachdem der Sterbende seinen letzten Atemzug getan hat, kann man, sooft man will, laut oder in Gedanken sagen:

Seele des/der ... Im Namen von ... (persönlicher Lehrer/Meister), hör gut zu. Du erfährst jetzt den Glanz des klaren Lichts der reinen Wirklichkeit. Erkenne das Licht als dein eigenes reines Bewusstsein. Verweile in diesem Zustand der Erkenntnis und der Einheit von Nichtgeburt und Nichttod, der Erleuchtung an sich.

Nach dem Tod

Auch nachdem der Tod eingetreten ist, soll/en die Begleitperson/en weiterhin für die Seele des Verstorbenen beten, sie liebevoll an ihre geistige Kindschaft erinnern und anhalten, sich dem Licht des Seins zu ergeben. Es empfiehlt sich, drei bis vier Tage lang Totenwache zu halten. In dieser Zeit bleibt die Leiche ein Resonanzkörper. »Die Toten haben Ohren.« Daher sind in Gegenwart des Verstorbenen alltägliches Geschwätz und herzlose Bemerkungen tabu. Hinweise, die an die Aufgabe der Selbsterkenntnis erinnern, sind jedoch hilfreich. Ebenfalls hilfreich ist eine ständig laufende Kassette mit Anweisungen, welche die Eindrücke des irdischen Lebens neutralisieren. Man kann dem Verstorbenen etwas vorlesen oder vorsingen – hierzu eignen sich inspirierende Lieder oder Mantras, Kirchenlieder oder der 23. Psalm. Oder man spricht einfach mit ihm beziehungsweise seiner Seele. Jeder liebevolle Gedanke kommt an.

Rudolf Steiner empfiehlt, Verstorbenen in den drei Tagen nach dem Tod öfter das gesamte Johannes-Evangelium vorzulesen. Steiner hat uns auch einen sehr schönen Spruch hinterlassen, den man zum Beispiel am Grab sprechen kann, wenn man sich von dem Gestorbenen verabschiedet:

»Unsere Liebe folge dir,
Seele, die du lebst im Geist.
Die ihr Seelenleben schaut,
Schauend sich als Geist erkennt.

Und was dir im Seelenland
Denkend als dein Selbst erscheint,
Nehme unsere Liebe hin,
Auf dass wir in dir uns fühlen,
Du in unserer Seele findest,
Was mit dir in Treue lebt.«

Eine schwere Krankheit und der bevorstehende Tod eines lieben Angehörigen zwingen einen zur Hingabe und Gegenwärtigkeit. Wer Widerstand leistet, bezahlt dies mit Leiden. Als spiritueller Sterbebegleiter sind wir wie eine Stütze, ähnlich wie eine Hebamme für die werdende Mutter. Das geht auch über die Ferne. Am Sterbeprozess teilzunehmen ist ein großes Privileg.

Nach der Erfahrung, die ich in Zusammenhang mit dem Tod meiner Mutter gemacht habe, empfehle ich jedem, eine Patienten- oder Vorsorgeverfügung zu verfassen und darin unter anderem zu regeln, wer bei Bewusstlosigkeit entscheiden soll. In eine solche Situation kann jeder jederzeit kommen. Formulare zum Ausdrucken gibt es im Internet sowie bei Betreuungsvereinen.

Ausblick

Als 1984 mein erster längerer Artikel über Reiki in der »Esotera« erschienen war, fragten mich Geistheiler, ob sie sich für »so etwas aus dem Osten« auch noch interessieren müssten, sie hätten ja schon tolle Heilerfolge. Ich antwortete ihnen sinngemäß: »Wenn Sie so weit sind wie Christus, der jemandem durch kurze Berührung oder nur Anschauen geheilt hat, brauchen Sie Reiki sicher nicht. Wenn nicht, empfehle ich Ihnen, einen Reiki-Kurs zu besuchen, um Ihre Heilkraft auszubauen.«

Irgendwann sind wir so rein und durchlässig für bedingungslose Liebe, die einzige Kraft, die wirklich heilt, dass eine Berührung ausreicht, um ein Wunder möglich zu machen. Wo immer wir hingehen, geschehen Heilungen. Unsere Reinheit wird Heilung ermöglichen. Wir sind ein Instrument der unendlichen Kräfte geworden. Aber man muss sich nach innen wenden, man muss sich auf die Suche nach seinem eigenen, tiefinnersten Kern begeben.

Reiki kann man sich nicht selbst beibringen, und höhere Bewusstseinsebenen bleiben graue Theorie, wenn man sie nicht erfährt. Insofern ist dieses Buch nur ein Hinweis. Und eine Einladung, sich auf eine Erfahrung einzulassen. Jemandem, der noch nie einen Apfel gegessen hat, kann man nicht erklären, wie ein Apfel schmeckt. Statt viele Worte zu machen, sollte man diesen Menschen einladen, hineinzubeißen.

Ich bin froh, wenn mein Buch ein Hinweis ist auf das, worum es geht. Gedanken sind nie die Wahrheit selbst, sie deuten nur darauf hin. Die Buddhisten sagen: »Der Finger, der zum Mond zeigt, ist nicht der Mond.« Wenn wir vom Denken weg hin zu Bewusstheit kommen, wird eine höhere Intelligenz in unserem Leben wirksam. Die Gedanken des Unglücklichseins verdecken dein natürliches Wohlbefinden und deinen inneren Frieden, den Quell wahren Glücks. Liebe, Freude und Frieden sind Aspekte deines wahren Wesens. Unglücklichkeit und Negativität, die auf unserer Erde grassieren, sind wie Umweltverschmutzung auf den inneren Ebenen. Mit Reiki und Meditation sinken wir nicht unter die Schwelle des Denkens, sondern erheben uns über sie. Stille ist die Sprache Gottes, und alles andere ist eine schlechte Übersetzung. In dieser Stille sind wir reines, ewiges Bewusstsein. Die Welt wird frisch und lebendig. »Statt die Dunkelheit zu beklagen, bringst du das Licht.« (Eckhart Tolle)

Albert Einstein hatte nur ein Interesse: »Ich möchte wissen, wie Gott denkt. Alles Übrige ist nur Detail.« Dieses Buch ist eine Einladung an dich, dein sich entwickelndes Bewusstsein als das Wichtigste anzusehen, was dir je passiert ist. Während du noch auf etwas Bedeutsames wartest, hat in deinem Inneren vielleicht schon etwas viel Bedeutsameres angefangen: die Trennung zwischen Denken und Bewusstsein. Bist du dir dessen erst bewusst, wird es dein vorrangiges Ziel, offen für dieses sich entfaltende Bewusstsein zu werden und sein Licht in die Welt zu tragen. Nicht was du tust, sondern wie du es tust, entscheidet darüber, ob du dein Schicksal erfüllst. Dabei ist dein Bewusstseinszustand die entscheidende Instanz. Die Freude am Sein ist das einzig wahre Glück. Indem wir uns als von Licht erfüllte Wesen erfahren, können wir bewusst teilhaben am Aufblühen des Bewusstseins. »Die Sanftmütigen werden das Erdreich besitzen.« Die Sanftmütigen sind die, die selbst-los ihre Einheit mit allen Lebensformen erkannt haben. Die Erde wartet – auf dich!

Literatur

Worte sind nur begrenzt in der Lage, die höheren Bewusstseinsebenen erfahrbar zu machen, um die es beim Reiki geht. Von daher sind alle Bücher über dieses Thema – auch dieses – nur Wegweiser, die eine bestimmte Richtung anzeigen. Doch auch Wegweiser können uns voranbringen. Die folgenden Bücher beschäftigen sich mit Themen, die in diesem Buch angesprochen wurden und können dazu beitragen, die Energie ihrer Leser in eine positive Richtung zu lenken.

Bays, Brandon: *The Journey. Der Highway zur Seele*, Ullstein, Berlin 2004

Boone, J. Allen: *Kinship With All Life*, Harper and Row, London und New York

Brown, Fran: *Reiki leben. Großmeisterin Takatas Lehren*, Synthesis, Essen 2003

Bruce-Mitford, Miranda: *Zeichen & Symbole. Die verborgene Botschaft der Bilder*, Belser, Stuttgart 1997

Brügge, Torsten: *Wunschlos glücklich*, Theseus, Stuttgart 2006

Cooper, J. C.: *Das große Lexikon traditioneller Symbole*, Goldmann, München 2004

Davies, Brenda: *Chakras. Tore zur Seele*, Heyne, München 2007

Meister Eckhart: *Stille und Ewigkeit. Worte aus seinen deutschen Predigten und Traktaten*, advaitaMedia, Hamburg 2005

Faller, Eva-Maria: *Akzeptieren heilt. Wie ich mich von Groll, Enttäuschung und innerem Widerstand befreie*, RiWei-Verlag, Regensburg 2003

Ferguson, Marilyn: *Die sanfte Verschwörung*, Droemer Knaur, München 1984

Fontana, David: *Die verborgene Sprache der Symbole*, Bertelsmann Lexikon Verlag, München 1994

Foos-Graber, Anya: *Deathing. Den Tod bewusst erleben*, Droemer Knaur, München 1991

Gamper, Karl mit Signs von Gamper, Jwala: *So schön kann Wirtschaft sein. Der Aufbruch der Kulturell-Kreativen*, J. Kamphausen, Bielefeld 2005

Govinda, Kalashatra: *Atlas der Chakras. Der Weg zu Gesundheit und spirituellem Wachstum*, Südwest, München 2005

Govinda, Kalashatra: *Chakra Praxisbuch. Übungen für Gesundheit, Harmonie und innere Kraft*, Goldmann, München 2006

Jung, C. G.: *Der Mensch und seine Symbole*, Walter, Düsseldorf, 15. Auflage 1999

Jung, C. G.: *Mandala. Bilder aus dem Unbewussten*, Walter, Düsseldorf, 11. Auflage 1995

Lightfields, Marvelle: *The Radiance Technique® and The Animal Kingdom*, Radiance Associates, Florida 1992

Maynard, Edwin (Hrsg.): *Leben in Findhorn. Modell einer Welt von morgen*, Hermann Bauer, Freiburg 1983

Osho: *Das Buch der Heilung. Von der Medizin zur Meditation*, Ullstein, Berlin 2004

Osho: *Das Chakra Buch. Energie und Heilkraft der feinstofflichen Körper*, Innenwelt-Verlag, Köln 2003

Osho: *Kreativität. Die Befreiung der inneren Kraft*, Ullstein, Berlin 2004

Purce, Jill: *Die Spirale. Symbol der Seelenreise*, Kösel, München 1988
Russell, Walter: *Das Genie steckt in jedem*, Genius, Bremen, 3. Auflage 1998
Simonsohn, Barbara: *Das authentische Reiki. Wirksame Hilfe bei den körperlichen und seelischen Problemen der heutigen Zeit*, Goldmann, München 2001
Simonsohn, Barbara: *Reiki für Fortgeschrittene*, Goldmann, München 2005
Simonsohn, Barbara: *Die Heilkraft der Afa-Alge*, Goldmann, München 2000
Simonsohn, Barbara: *Gerstengrassaft. Verjüngungselixier und naturgemäßer Power-Drink*, Windpferd, Aitrang, 8. Auflage 2003
Simonsohn, Barbara: *Die Fünf »Tibeter« mit Kindern*, Integral, München 1995
Simonsohn, Barbara: *Hyperaktivität. Warum Ritalin keine Lösung ist. Gesunde Strategien, die wirklich helfen*, Goldmann, München 2001
Smothermon, Ron / Baudi, Carmen: *Meisterschaft an jedem Tag. Ein Merkbuch*, J. Kamphausen, Bielefeld 2006
Spitzer, Manfred: *Vorsicht Bildschirm!*, DTV, München 2006
Spitzer, Manfred: *Lernen. Gehirnforschung und die Schule des Lebens*, Spektrum, Heidelberg 2006
Steiner, Rudolf: *Der Tod als Lebenswandlung*, Rudolf Steiner, Dornach/Schweiz 1998
Storl, Wolf-Dieter: *Bekannte und vergessene Gemüse*, AT, Aarau/Schweiz 2002
Storl, Wolf-Dieter: *Pflanzendevas. Die Göttin und ihre Pflanzenengel*, AT, Aarau/Schweiz 2006

Tolle, Eckhart: *Eine neue Erde. Bewusstseinssprung anstelle von Selbstzerstörung*, Goldmann, München 2005

Tolle, Eckhart: *Jetzt! Die Kraft der Gegenwart*, J. Kamphausen, Bielefeld 2002

Tolle, Eckhart: *Stille spricht. Wahres Sein berühren*, Goldmann, München 2003

Tresidder, Jack: *Symbole und ihre Bedeutung*, Droemer Knaur, München 2002

Walsch, Neale Donald: *Freundschaft mit Gott*, Goldmann, München 2003

Walsch, Neale Donald: *Gespräche mit Gott. Band 1*, Goldmann, München 2006

White, Ruth: *Arbeit mit den Chakren. Persönliche Entwicklung und Heilung durch Chakraenergien*, Synthesis, Essen 2000

Williamson, Marianne: *Das Geschenk der Wandlung. Ein Wegweiser zu persönlichem Wachstum*, Goldmann, München 2004

Williamson, Marianne: *Rückkehr zur Liebe. Harmonie, Lebenssinn und Glück durch »Ein Kurs in Wundern«*, Goldmann, München 1995

Adressen

Das authentische Reiki kann man sich nicht selbst beibringen! Man muss von einem kompetenten Lehrer eingestimmt und ausgebildet werden. Wenn du den ersten, den zweiten oder weitere Grade erlernen möchtest oder dich für den Beruf des Reiki-Lehrers interessierst, wende dich an:

Barbara Simonsohn
Holbeinstraße 26
22607 Hamburg
Tel.: 040-89 53 38
Fax: 040-89 34 97
E-Mail: Basim@Barbara-Simonsohn.de
Internet: www.Barbara-Simonsohn.de
(mit aktuellen Seminarterminen)

Vorträge, Seminare für alle Grade, einschließlich der Lehrergrade IIIB, VB und VIIB, bei Bedarf auch Kinderseminare.
Behandlungen, Fernbehandlungen, Kinder- und Tiereinstimmungen, Gruppenbehandlungen, Reiki-Marathons, Kinder- und Tiereinstimmungen.
Seminarorte zurzeit (bei Bedarf auch woanders): Hamburg, Hannover, Berlin Bremerhaven, Köln, Landshut, Gilching bei München, Landeck/Tirol.
Vermittlung von Lehrern, die ich ausgebildet habe.

Massageliegen für Reiki-Behandlungen

»Montaport«, die einzige Massageliege mit Beinfreiheit, aus Holz, dick gepolstert, höhenverstellbar, leicht.

Massunda-Medizintechnik
Dieter Weißbach
E-Mail: vertrieb@massunda.com
Internet: www.massunda.com

AFA-Algen

Zur Stärkung des Immunsystems und für optimale Gehirnfunktion – Gedächtnis, Konzentration, Stimmung –, für Entgiftung und optimale Vitalstoffversorgung (siehe mein Buch *Die Heilkraft der Afa-Alge*, 7. Auflage).

Sanacell Handels GmbH
Dovestraße 1
10587 Berlin
E-Mail: info@sanacell.de
Internet: www.sanacell.de

Geräte zur Reinigung und Energetisierung von Trinkwasser

Auf Kohleaktivfilterbasis. Einfach, preiswert und effektiv. Damit Wasser seine Rolle als das ideale Lösungsmittel und Informationsträger hoher Schwingungen erfüllen kann.

Sanacell Handels GmbH
Adresse: siehe oben

Gerstengrassaft

Beste Qualität, von Dr. Hagiwara entwickelt: »Jade Green-Zymes«, das vitalstoffreichste Lebensmittel der Welt (siehe mein Buch *Gerstengrassaft*, 8. Auflage).
Über Wellness-Berater Heiner Telthörster
E-Mail: telthoerster@yahoo.de

Außerdem bei ihm zu bestellen:

Wasserreinigungs- und Wasserenergetisierungssystem

Auf Kohleaktivfilterbasis mit Mineralisierung, Anreicherung mit natürlichem Sauerstoff und spiralförmiger Verwirbelung.

Schlafplatzsanierung/Schutz vor Elektrosmog mit Reiki

Ich fertige handschriftlich laminierte DIN-A-4-Zettel mit allen sieben kosmischen Symbolen – darunter zwei kraftvolle Schutzsymbole – an, die man unter die Matratze seines Bettes legt. Kosmische Symbole transformieren negative Energien wie Kreuzungen von Wasseradern, Elektrosmog, negative Gedanken usw. Auch Sonderanfertigung von Kraft-Symbol-Zetteln, die alle 12 Einstimmungen der sieben Grade haben. Symbol-Zettel auch wirksam als Schutz vor Elektrosmog z. B. unter dem Computer oder Fernseher.
Meine Adresse findet Ihr am Anfang der Adress-Hinweise.

Findhorn-Gemeinschaft in Schottland

Hier lernte ich Reiki kennen, und Findhorn wurde zu meiner zweiten Heimat. Eine spirituelle Gemeinschaft, ohne

Guru oder Leiter, von ca. 250 Menschen – im Sommer mit Tausenden von Gästen aus der ganzen Welt –, in der man sich um liebevolles Miteinander bemüht. Berühmt ist der Findhorn-Garten, in dem 40 Pfund schwere Kohlköpfe wachsen oder Rosen zu Weihnachten blühen. Seit langem lässt aber Findhorn nicht nur Pflanzen wachsen, sondern vor allem Seelen und ist damit die erfolgreichste spirituelle Gemeinschaft der Welt mit »Ablegern« in fast allen Erdteilen. Bei Konflikten diskutiert man nicht zusammen, sondern meditiert gemeinsam, bis eine Lösung gefunden ist, die alle gut finden (Konsensprinzip).
Erfahrungswoche zum Einstieg, Workshops, Mitarbeit, Familienfreizeit, Teenager-Programm, Insel-Aufenthalte, New Games, Sacred Dances. Namhafte Referenten wie Eckhart Tolle, David Spengler, Marianne Williamson. Ab und zu auch deutschsprachige Wochen.

Adresse: The Park
Findhorn
Forres IV36 3TZ
Schottland

Internet: www.findhorn.org und www.findhorncollege.org

Weitere Informationen zu Produkten finden sich auf meiner Homepage: www.Barbara-Simonsohn.de

Die Autorin

Barbara Simonsohn wurde 1954 unter dem Sternzeichen Wassermann mit Aszendent Schütze in Hamburg geboren. Sie hat eine Zwillingsschwester. Nach dem Abitur studierte sie Sozialwissenschaften an der Universität Hamburg und schloss ihr Studium mit dem Diplom ab. Schon als Studentin engagierte sie sich für Umweltthemen und hielt 1977 die ersten Kurse zu Umweltthemen an der Hamburger Volkshochschule.

Durch gesundheitliche Probleme lernte Barbara Simonsohn mit 23 Jahren die Mayr-Ärztin und Azidose-Lehrerin Dr. Renate Collier kennen, organisierte die ersten Seminare mit ihr und gehörte zu den ersten, die sich von Dr. Collier zur Azidose-Seminarleiterin ausbilden ließen. Seither interessiert sie sich für Gesundheits- und Ernährungsfragen.

Reiki lernte Barbara Simonsohn 1982 in der Findhorn-Gemeinschaft in Schottland kennen und schätzen. Anfang 1984 schrieb sie den ersten längeren Artikel zum Thema. Er wurde in der Zeitschrift »Esotera« veröffentlicht und löste eine regelrechte Reiki-Welle aus, die bis heute nicht verebbt ist.

Von da an organisierte und übersetzte Barbara Simonsohn Seminare im authentischen, siebenstufigen Reiki für Gary Samer, bevor sie selbst Ende 1984 ihre Ausbildung als Reiki-Lehrerin machte – unter anderem bei Dr. Barbara Ray, einer der wenigen, noch lebenden beziehungsweise aktiven Reiki-Lehrer, die direkt von Hawayo Takata ausgebildet wurden. Seither hat Barbara Simonsohn Tausende von Schülern in allen sieben Reiki-Graden unterrichtet – auf Hawaii und den Kanarischen Inseln, in Kalifornien, der Schweiz, Österreich und Haiti, und natürlich in ihrer Heimat Deutschland. Ihre Lehrer-Befähigung für die Grade IIIA, IIIB, VB und den höchsten Lehrer-Grad VIIB erwarb sie 1998 bei Dr. Willy Fraefel, Schweiz, und Gary Samer, Australien. Mittlerweile hat sie mehr als dreißig Lehrer im In- und Ausland ausgebildet.